環境をデザインする
子どもが育つ保育

編著 小林保子・松橋圭子

学苑社

①「園庭にある穴ぐらスペース」子どもたちだけの秘密基地

②「一緒に生活しているポニーのクロちゃん」みんなにとって大切な友だち

③「中庭テラスでのプール活動」周囲を気にせず思い切り！

④「協力して作った手作りバス」
　さあ、出発進行〜

⑤「ガォ〜のライオン」　迫力満点

⑥「あいすくりーむ屋さん」
　お客さま、お待たせしました

⑦「ビュッフェスタイルの昼食」今日のメニューに目がくぎづけ

⑧「みんなで午睡」たくさん遊んで疲れた身体を休めます

⑨「保育者の休憩スペース」先生も心身ともにリフレッシュ

はじめに

　園庭の隅で、一人座ってじっと何かを見つめている子どもがいます。地面にポツンと空いた穴から、ありが出てきたり、入っていったりするのをじーっと観察しています。保育所や幼稚園では、時々見かける光景です。そんなときは、声をかけても振り向いてもくれません。さて、この子の中では、今、何が起こっているのでしょうか。初めて気がついた穴の存在。「なんだろう？」興味がわいてきます。「あ、ありさんが出てきた。あれ、また出てきた」「ありさんて土の中で何しているのかな？」「穴の奥はどうなっているの？」次から次へと子どもの頭の中には、無言のたくさんの問いが溢れ出て、わくわくどきどき、探求心でいっぱいになっていることでしょう。

　乳幼児期の子どもの関心は、身の回りにあるあらゆる事物・事象、そして人、すなわち環境に対して向けられます。毎日が発見、驚きの連続なのです。これらの環境とのかかわりを通した経験の積み重ねによって子どもは発達していくといっても過言ではありません。だからこそ、子どものより良い発達のためには、子ども自らがかかわりたくなる環境が周囲にあることが重要となります。そしてその環境を支え、調整する役目を担っているのが身近な存在である親であり、保育者となります。

　近年、子どもを取り巻く環境は良くも悪くも変わりつつある中で、保育者には、子どもが育つうえで最も大切な子どものやりたいに応える保育環境をデザインしていく力が求められています。本書では、保育者がデザインしていく際に役立つ知識やスキルを、領域「環境」の視点を含め、子ども自らがもつ育つ力の観点から学んでいきます。

目　次

はじめに………………………………………………………………………… 1

第1章　子どもと環境

① 人と環境 …………………………………………………………… 6
② 子どもにとって環境とは ………………………………………… 8
③ 保育と環境 ………………………………………………………… 9

第2章　遊びと物的環境

① 子どもにとって遊びとは ………………………………………… 16
② 遊びの種類 ………………………………………………………… 16
③ 遊びと室内環境 …………………………………………………… 18
④ 遊びと屋外環境 …………………………………………………… 20

第3章　育ちと生活を支える物的環境

① 保育室環境 ………………………………………………………… 24
② 食環境 ……………………………………………………………… 28
③ 排泄・清潔環境 …………………………………………………… 30
④ 午睡・休息環境 …………………………………………………… 32

第4章　保育を支える物的環境

① 園内のさまざまなスペース……………………………………… 36
② 園内の設備・備品…………………………………………………… 46

第5章　子どもと自然環境

① 自然環境とは………………………………………………………… 52
② 自然環境の変容……………………………………………………… 52
③ 子どもの発達と自然との関連性………………………………… 53
④ 自然を介した子どもの育ち……………………………………… 55
⑤ 自然や季節を感じる活動の工夫………………………………… 58
⑥ 子どもが安全に自然とかかわるために………………………… 60
⑦ 自然を大切にする心と態度を育てる「環境教育」………… 61

第6章　自然とふれあう・伝統行事にふれる

① 生活と自然…………………………………………………………… 64
② 飼育、栽培を通してふれる自然………………………………… 67
③ 自然と壁面構成……………………………………………………… 69
④ 伝統的な行事や遊びに親しむ…………………………………… 70

第7章　子どもと情報環境

① 情報環境とは……………………………………………………………… 74
② 自主性を育む情報表示…………………………………………………… 76
③ 保育活動の情報共有……………………………………………………… 79
④ 数量や文字などに関心をもつ環境作り………………………………… 82

第8章　保育と地域環境

① まちの中で育つ子ども…………………………………………………… 88
② 子どもと地域をつなぐ活動……………………………………………… 92

第9章　子どもと人的環境

① 人的環境としての子ども………………………………………………… 96
② 人的環境としての保育者………………………………………………… 97
③ 人的環境としての保護者………………………………………………… 99

第10章　子どもと安全環境

① 園内の事故防止・安全対策……………………………………………… 102
② 災害から身を守る防災対策……………………………………………… 108

第11章　これからの時代に向けた「都市型保育」への提案

おわりに……………………………………………………………………… 125

第1章

子どもと環境

❶ 人と環境

(1) 環境とは

　環境とは、何でしょうか。日常会話の中で頻繁に使われる言葉ではありませんが、「人」が存在し、「環境」が存在すると言っても過言ではないくらい、環境は、私たち人間と最も密接な関係にあります。改めて環境を定義づけるならば、人を取り巻くすべてのものであり、生命活動の場そのものと言えます。

　人は環境に働きかけ、同時に環境からさまざまな影響を受けながら相互のかかわりを通して生活を営んでいます。一般的に環境は、人とのかかわりなど、人により構成される「人的環境」とものと人とのかかわりなど、もので構成される「物的環境」とに分類されます。あるいは、人類創造以前から地球に存在していた自然からなる「自然環境」と、人が文明を作り出し、その結果として作られた「社会環境」などに分類されたりします。

(2) 人と環境とのかかわり

　図 1-1 は、自然環境と社会環境を軸に、人と環境とのかかわりを説明したものです。人が中心にいて、そこから自然環境と社会環境に向かって、両方向に矢印が示されています。これは、人が環境との相互作用の中で生命活動を営んでいることを示しています。では、具体的に自然環境や社会環境にはどのようなものがあるのでしょうか。

1) 自然環境

　自然環境は、大きく分けると①物理的環境（温度、湿度、気流、気圧、気候、紫外線、放射線、照明、騒音、振動）、②化学的環境（酸素、炭素ガス、窒素、一酸化炭素、窒素酸化物、オゾンなどのガス体、金属有機・無機化合物の粉じん、土壌中の化学

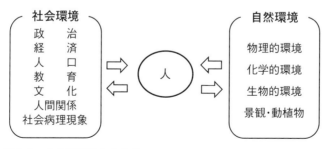

図 1-1　人と環境のかかわり
（出所：鈴木ほか，2007，p.16 を一部改変）

的成分、土壌の形状、③生物学的環境（細菌、真菌、ウィルスなどの微生物、節足動物、動・植物など）、④景観・環境からなります。これらはいずれも生態系の成り立ちの根幹をなすものです。人類もこの自然環境と生態系の仕組みがあって存在し続けることが可能となっています。

2）社会環境

社会環境とは、社会が作り出した環境であり、自然とは真逆で、人によって意図的に、もしくは偶発的に作り出されたものです。社会環境を分類すると政治、経済、人口、教育、文化、人間関係、社会病理現象などが挙げられます。これらは、人の社会生活を特徴づけるものであり、それらのあり方は、時代背景の中で変容しうるものです。どうあるかによって、個人レベルだけではなく、国民全体の健康維持・増進やQOL（Quality of Life：生命・生活・人生の質）に直接的にも間接的にも影響を及ぼしかねません。例えば、近年、わが国が抱える大きな課題の一つである少子高齢化は、日本の未来を脅かしかねない状況にあるのは周知のとおりです。

上記で見てきた社会環境と自然環境は、人を介して相互に密接に関連しあって存在しています。人が文明を生み出し、社会が形成されてくると、社会が機能するための仕組みや、生活を豊かにするための「もの」が作られます。その一方で自然は脅かされていきます。例えば、日本では、戦後の高度経済成長期の1950年代から1970年代にかけて、工場廃水や排出ガスによる水質汚染や大気汚染によっていわゆる四大公害病で知られる水俣病（1956年熊本県水俣市）や四日市ぜんそく（1960年三重県四日市）、第二水俣病（1965年新潟県東蒲原郡）、イタイイタイ病（1910年代〜1970年代富山県神通川流域）などの公害が人々に多大な健康被害をもたらした過去があります。当時汚染された川や海、大気は、さまざまな法整備や理解啓発、教育の推進など、自然が本来のあるべき姿に戻るのには四半世紀以上の時間を要しました。しかし、近年、地球規模で起きている温暖化やそれに端を発する異常気象、海面上昇などの支配的な原因は、人間活動による温室効果ガスの増加である可能性が極めて高いと考えられています。人が力をもちすぎ、そのコントロールを怠ったとき、自然は、再生が困難なレベルまでダメージを受ける可能性があります。今、まさに世界が利害関係にとらわれず、協力して人間の生命活動の場である自然環境を守らなければならない状況にあると同時に、一人ひとりが危機的意識をもって自然環境保護に取り組む姿勢が求められています。

❷ 子どもにとって環境とは

　人にとって環境とは生命活動の場ですが、子どもにとっては、発育・発達の場でもあります。誕生してから成人を迎えるまで、どのような環境の中で育つかによって、心身の発達や人格形成に何らかの影響が生じる可能性があります。かつて、アメリカの発達心理学者ブロンフェンブレンナーは、人間の発達を成長しつつある個人としての人間と環境との相互作用によるものであるとし、子どもの発達に影響を与える環境を構造化し、図1-2のように4つのシステムとして示しました。中心に子どもがいます。その子どもと環境が相互に影響し合う環境を、①子どもが直接かかわりなじんでいる日常生活の場や人間関係（Microsystems）、②家庭や保育園、学校などの子どもの活動や対人関係などの相互関係（Mesosystems）、③子どもの生育環境など、個人を取り巻く環境条件で、子どもの行動する場面に間接的に影響を与えるもの（Exosystems）、④その地域にある価値観、信念、イデオロギーなど（Macrosystems）の4つの視点で捉えています。①の子どもの生活の場や身近な人との人間関係は、子どもの育ちに与える影響が大きいことは明らかです。また、②の家庭や子ども社会生活の場である機関との関係性も

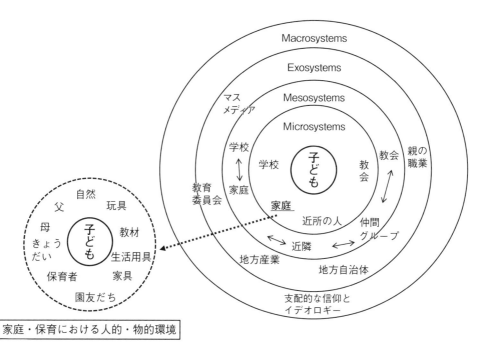

図1-2　ブロンフェンブレナーの生態学的アプローチ

（出所：村田，1990，p.142を一部改変）

近年「連携」という言葉でその重要性が指摘されていることからも明らかです。次の③子どもの生育環境などの環境条件や④その地域の価値観、イデオロギーなどは、子どもにとっては、はたらきかけることが困難なレベルの環境ですが、家庭の貧困の問題や社会の価値観などが子どもの育ちや自立に多大な影響を及ぼしかねないことは、近年取り上げられている社会問題を見ても明らかです。

以上見てきたように、これらの環境システムは、直接的にも間接的にもそのあり方が個人レベル並びに集団レベルにおいて子どもの育ちに影響を与えることを示しています。また同時に、子どもが直接的にかかわりうる環境、例えば、家庭環境などは子どもと家族との相互関係の中で変化しうるものであり、そのあり方が問われます。

子どもにとって最も身近な環境は、家庭であり、そこにいる家族になります。また家庭以外でも一日の大半を過ごす保育所などがあります。それらが子どもに与える影響の重要性を鑑み、図中においてその部分を抜き出し、「家庭・保育における人的・物的環境」として描写しました。まず、子どもにとって最も身近な人的環境は、父、母、兄弟姉妹、祖父母などの家族です。とりわけ母親は、妊娠したときから出産の日を迎えるまでお腹の中で大切な命を守り成長を支えます。その後も親の愛情と懸命な育児に守られて、子どもは誕生した後も、日々健やかに成長し続けることができるのです。その際、親と子どもの関係は、親からの一方的な働きかけで成り立っているわけでありません。親があやすと、子どもが泣き止み、子どもが泣くと親が抱っこしてくれるといった相互のやりとりがあって、子どもと親の間に愛着が形成され、愛情と安心に裏打ちされた親子関係が築かれていくのです。親、もしくは保護者の存在なくして、子どもの育ちは守られません。その意味において、日中、親に代わり、子どもを預かり保育を行なう保育所、そしてそれを担う保育者もまた、子どもにとっては家庭に次ぐ生活・育ちの場であり、親に次ぐかけがえのない存在となります。子どもが安心・安全に生活をおくることができ、健やかに育つことができる環境を家庭と保育所などが連携し整えていくことが求められます。

❸ 保育と環境

(1) 幼児教育および保育の基本

学校教育法第22条では、幼稚園教育の目的として「幼稚園は、義務教育及びその後の教育の基礎を培うものとして幼児を保育し、<u>適当な環境を与えて</u>、その心身の発達を

助長することを目的とする」と規定されています。さらに、幼稚園教育要領の第１章総則第１幼稚園教育の基本では、「幼児期の教育は、生涯にわたる人格形成の基礎を培う重要なものであり、幼稚園教育は、学校教育法に規定する目的及び目標を達成するため、幼児期の特性を踏まえ、環境を通して行うものであることを基本とする」と示され、「教師は、幼児と人やものとのかかわりが重要であることを踏まえ、教材を工夫し、物的・空間的環境を構成しなければならない」と述べられています。保育所保育指針においても第１章総則１保育所保育に関する基本原則（1）保育所の役割のイにおいて、「保育所は、その目的を達成するために、保育に関する専門性を有する職員が、家庭との緊密な連携の下に、子どもの状況や発達過程を踏まえ、保育所における環境を通して、養護及び教育を一体的に行うことを特性としている。」と示されています。そこでは（4）保育の環境として、以下が掲げられています。幼稚園教育および保育所保育、さらには幼保連携型認定こども園教育・保育要領のいずれにおいても、子どもの発達特性を踏まえ、適切な環境を構成し、その環境を通して教育・保育することと示されており、環境のあり方が極めて重要であることが読み取れます。

（4）保育の環境
保育の環境には、保育士等や子どもなどの人的環境、施設や遊具などの物的環境、更には自然や社会の事象などがある。保育所は、こうした人、物、場などの環境が相互に関連し合い、子どもの生活が豊かなものとなるよう、次の事項に留意しつつ、計画的に環境を構成し、工夫して保育しなければならない。
ア　子ども自らが環境に関わり、自発的に活動し、様々な経験を積んでいくことができるよう配慮すること。
イ　子どもの活動が豊かに展開されるよう、保育所の設備や環境を整え、保育所の保健的環境や安全の確保などに努めること。
ウ　保育室は、温かな親しみとくつろぎの場となるとともに、生き生きと活動できる場となるように配慮すること。
エ　子どもが人と関わる力を育てていくため、子ども自らが周囲の子どもや大人と関わっていくことができる環境を整えること。

---

(2) 環境を通した保育・教育とは

　環境を通して行なう保育・教育とはどのようなことを言うのでしょうか。幼稚園教育要領解説では幼児期の特性として、「幼児期は、自然な生活の流れの中で直接的・具体的な体験を通して、人格形成の基礎を培う時期である」と説明されています。つまり、

この時期は、子どもたちが日常生活の中で、そこにある環境に自ら興味関心をもって働きかけ、その特性に気づいたり、新たな面白さを発見し、そこから遊びを発展させたり、生活に取り入れたりするなど、直接体験を通して発達が促されていくものであることを意味しています。したがって保育者は、学ばせたいことを直接的に教えるのではなく、子どもが主体的にはたらきかけたくなる応答性のある環境を、そこに用意することが求められます。

(3) 領域「環境」のねらいと内容

　平成29年3月改訂、平成30年4月に施行された幼稚園教育要領、保育所保育指針、幼保連携型認定こども園教育・保育要領では、「幼児期の終わりまでに育ってほしい姿」として10の資質・能力が示されました。保育所保育指針を例に見ると、これらの姿は、保育の目標をより具体化した乳児期保育のねらいおよび内容、1歳以上3歳未満児の保育並びに3歳児以上の保育に関する5領域を踏まえた「ねらい及び内容」に基づく保育活動全体を通して育まれていくものであり、保育者が指導を行なう際に考慮するものとされています。

　上記を踏まえ、保育所保育指針に示されている領域「環境」のねらいと内容を見ていきます。表1-1は、1歳以上3歳未満児の保育並びに3歳児以上の保育別にねらいと内

表1-1　領域「環境」のねらいと内容

（1歳以上3歳未満児の保育に関わるねらい及び内容） 　周囲の様々な環境に好奇心や探究心をもって関わり、それらを生活に取り入れていこうとする力を養う。 （ア）ねらい ① 身近な環境に親しみ、触れ合う中で、様々なものに興味や関心をもつ。 ② 様々なものに関わる中で、発見を楽しんだり、考えたりしようとする。 ③ 見る、聞く、触るなどの経験を通して、感覚の働きを豊かにする。 （イ）内容 ① 安全で活動しやすい環境での探索活動等を通して、見る、聞く、触れる、嗅ぐ、味わうなどの感覚の働きを豊かにする。 ② 玩具、絵本、遊具などに興味をもち、それらを使った遊びを楽しむ。 ③ 身の回りの物に触れる中で、形、色、大きさ、量などの物の性質や仕組みに気付く。 ④ 自分の物と人の物の区別や、場所的感覚など、環境を捉える感覚が育つ。 ⑤ 身近な生き物に気付き、親しみをもつ。 ⑥ 近隣の生活や季節の行事などに興味や関心をもつ。

> （3歳以上児の保育に関するねらい及び内容）
> 　周囲の様々な環境に好奇心や探究心をもって関わり、それらを生活に取り入れていこうとする力を養う。
> （ア）　ねらい
> ① 身近な環境に親しみ、自然と触れ合う中で様々な事象に興味や関心をもつ。
> ② 身近な環境に自分から関わり、発見を楽しんだり、考えたりし、それを生活に取り入れようとする。
> ③ 身近な事象を見たり、考えたり、扱ったりする中で、物の性質や数量、文字などに対する感覚を豊かにする。
> （イ）　内容
> ① 自然に触れて生活し、その大きさ、美しさ、不思議さなどに気付く。
> ② 生活の中で、様々な物に触れ、その性質や仕組みに興味や関心をもつ。
> ③ 季節により自然や人間の生活に変化のあることに気付く。
> ④ 自然などの身近な事象に関心をもち、取り入れて遊ぶ。
> ⑤ 身近な動植物に親しみをもって接し、生命の尊さに気づき、いたわったり、大切にしたりする。
> ⑥ 日常生活の中で、我が国や地域社会における様々な文化や伝統に親しむ。
> ⑦ 身近な物を大切にする。
> ⑧ 身近な物や遊具に興味をもって関わり、自分なりに比べたり、関連付けたりしながら考えたり、試したりして工夫して遊ぶ。
> ⑨ 日常生活の中で数量や図形などに関心をもつ。
> ⑩ 日常生活の中で簡単な標識や文字などに関心をもつ。
> ⑪ 生活に関係の深い情報や施設などに興味や関心をもつ。
> ⑫ 保育所内外の行事において国旗に親しむ。

容をそれぞれ引用しまとめたものです。1歳以上3歳児未満では、身近な環境への親しみ、ものへの興味関心、ものとのかかわりを通した発見、環境把握のための感覚の育ち、生きものへの親しみ、生活や季節の行事への興味関心などが内容に含まれています。3歳児以上になると、自然とのかかわり、ものとのかかわりに加え、数量や図形、文字とのかかわり、地域や社会、文化、伝統とのかかわりなどに関するものが含まれています。幼児期においては、自然の大きさ、美しさ、不思議さなどに直接ふれあい、かかわりあう経験を通し、子どもの豊かな感性や好奇心、思考力、表現力が培われていきます。近年、都市部においては自然とふれあう経験が得られにくいことも少なくない中で、保育者は、子どもが自然とのかかわりを深めることができるよう創意工夫が求められています。

参考文献

ブロンフェンブレンナー　磯貝芳郎訳（1996）人間発達の生態学・発達心理学への挑戦．川島書店．
国土交通省気象庁HP　知識・解説「地球温暖化」
　http://www.data.jma.go.jp/cpdinfo/chishiki_ondanka/
厚生労働省（2017）保育所保育指針．
文部科学省（2017）幼稚園教育要領．
文部科学省（2018）幼稚園教育要領解説．
村田幸次（1990）児童発達心理学．培風館，p.142．
鈴木路子編著　金子勇・小林保子・増田敦・増野知子著（2007）人間環境・教育福祉論．光生館，
　p.16．

第 2 章

遊びと物的環境

❶ 子どもにとって遊びとは

　乳幼児期の子どもにとって遊びとは、生活そのものであり、発育発達に欠かすことができないものです。では、なぜ子どもは遊ぶのでしょうか。その答えはただ一つ、楽しいからです。子どもにとって遊びのもたらす教育的意義などは全く関係ありません。楽しいから遊び、楽しくなければ遊びません。一つの遊びが楽しくなくなったら遊びを発展させ、新しい遊びを生み出していきます。そこに共通なのは、遊びは、自らの興味関心で、主体的に行なうものであるということです。それにおいては、子どもは遊びの天才です。

　しかし、子どもが潜在的にもっている遊びの天才的能力も周囲に遊びたくなるような興味関心を刺激する環境がなかったらどうでしょうか。第1章で学んだように、身近にそのような環境があることが子どもの発達にも大きく影響します。発達段階にある子どもたちの周りには、まず子どもの心を動かす物的環境があることが大事になります。周囲の大人には、子どもの遊び欲求を満たす環境を用意してあげることが求められます。

❷ 遊びの種類

　子どもは、周囲にあるものなら何でも遊びの道具にします。仙田（2009）は、遊びの環境を「物理的環境内でのあそび」と「人的環境内でのあそび」に分類し、前者において、さらに遊びを「物とのあそび」と「場でのあそび」に分けて説明しています（図2-1）。子どもは身近にある物も目の前に広がっている「場」や空間すらも遊びの道具にします。「物とのあそび」を見てみると、「造形あそび」や「生物あそび」、「おもちゃあそび」など、保育の現場で日々展開されている遊びが見られます。また「場でのあそび」の中にも「冒険あそび」や「アジトあそび」など、園内のあちこちで子どもたちがこのような遊びを展開している姿を見ることが少なくありません。

　さらに具体的に保育現場に視点をあてて遊びの物的環境を室内環境と屋外環境に分けて見てみます。室内には、新聞紙や雑誌、コップ、皿、スプーン、ペン、イス、机、壁、ドアなどの日常生活用品と室内遊び用に作られた遊具などの物的環境があります。他方、屋外には、道路や土や石ころ、水たまり、草木、広い空間などの自然素材や三輪車、箱車などの乗り物、スコップ、バケツ、おままごとセットなどの遊具、ブランコや

すべり台などの大型固定遊具が物的環境としてあります。子どもにとって周囲にあるものはすべて、たとえそれが遊ぶためのものではなくても、遊び道具、すなわち遊具となりうるのです。

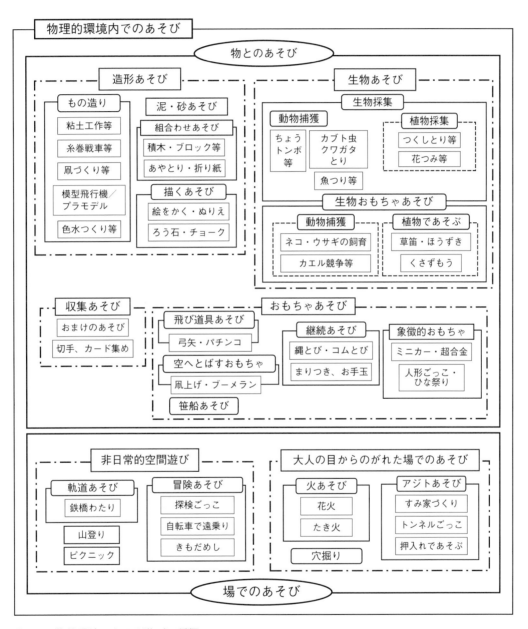

図2-1 物的環境における遊びの種類

（出所：仙田，2009，p.82を一部改変）

❸ 遊びと室内環境

(1) 保育室

　子どもたちにとって保育室は、遊び場であり、生活の場です。その日の保育活動の内容によって、図画工作室にもなれば、絵本の読み聞かせの場になったり、音楽室や玩具遊びの場にもなったりします。加えてお昼やおやつの時間になると、ダイニングになり、午睡室にも早変わりします。近年、食堂や午睡室、絵本スペースなど、目的別の部屋が設置されている園も増えてきましたが、多くの園では、保育室を多機能的に活用しています。子どもたちが思い切り遊びに集中したり、次の活動への切り替えがしやすくなるためには、活動しやすい空間を保育者が子どもたちと共に瞬時に作りだすことが必要です。そのためには、机やイス、遊具、生活用具などの収納場所や出し入れの手順、配置場所を工夫したり、子どもたちが遊びの素材や遊具をいつでも好きな場所に持ち運べるよう決まった場所に整理整頓しておいたりすることなども大事になります。

　保育活動においては、製作活動などのように数日にわたり継続して行ないたい活動もあります。写真 2-1 は、子どもたちが登園前のある幼稚園の保育室の様子です。前日の活動では、子どもたちが自由に作って遊ぶ造形活動が行なわれました。子どもたちは次々と自由な発想で製作物を作り上げていきました。翌日も子どもたちの製作への思いが止まることなく活動ができるよう、保育者は前日にいったん片付けた室内を朝にはそこに再現しておきました。こうすることで子どもたちは継続的に満足するまで遊びを展開していくことができます。保育室をどう構成するかが子どもの遊びを応援する手立てとなるため、創意工夫が求められます。

写真 2-1　昨日の続きから今日はスタート

　近年、子どもの遊びを想定してデザインされた保育室も見られるようになりました。写真 2-2 を見ると、保育室の中に小部屋が設けられています。いわゆる図 2-1 にある「アジトあそび」に分類される場となります。そこでは女の子たちが狭い空間に 3 人も入っておままごとを楽しんでいます。別の日には、お医者さんごっこをして遊んでいま

した。子どもは広い空間での遊びも好きですが、このような狭い空間での遊びも好みます。友だちが家に遊びに来て、子ども部屋で遊んでいる感覚にも似たものがあります。一日の大半を過ごす保育所などでは、このような空間も物的環境として子どもの遊びを刺激します。

写真2-2　隠れ部屋のある保育室

(2) 廊下での遊び

　小学校などでは、「廊下は走ってはいけません」と教わります。一般的に廊下は、移動するための通路です。保育園や幼稚園ではどうでしょうか。大勢で移動するときは通路となるため、確かに走っては危険です。しかし、廊下は時に保育室の延長線上にある大事な遊びの空間にもなります。**写真2-3**では、女の子たちが廊下でブロックをつなげて道を作って遊んでいます。最初は、保育室の中で行なっていた遊びがどんどん廊下へとつながっていき、気づいたらブロックの道は廊下いっぱいに延びていきました。子どもにとって遊びの時間は、廊下も楽しい遊び場になります。

写真2-3　廊下も遊び場

(3) 室内遊びと遊具

　遊具とは、遊びのために使用する道具であり、「固定遊具」と「移動遊具」に大別することができます。固定遊具は、すべり台やブランコなど身体運動の発達を意図して作られた遊具であり、主に屋外に設置されています。一方、移動遊具には、三輪車・自転車などの乗り物遊具、積み木・ブロックなどの構成遊具、ボール・縄とびなどの運動遊具、シャベル・砂型などの砂遊び遊具、かるた・トランプなどのゲーム用遊具、ままごとに用いる遊具、こまなどの伝承遊具などがあります。それらの中で手にもって遊べる

第2章　遊びと物的環境　19

大きさの物を玩具やおもちゃと呼びます。

　室内遊び用の遊具を目的別に分けると、主には①創造性を高める遊具（積み木、ブロックなどの構成遊具、粘土、折り紙、クレヨン・画用紙などのお絵かきセットなどの造形遊びに用いる遊具など）、②感受性・情緒を高める遊具（絵本やパネルシアター、ペープサートなど）、③知能の発達・学習の手助けとなる遊具（触れると反応する玩具、型はめパズル、かるた、ゲームなど）があります。これらの既製遊具は、子どもの心身の発達を促すことを目的に作られているため、保育者は子どもの年齢や発達段階に即した遊具を偏ることなく選択し、揃えておきたいものです。

　また冒頭で述べたように子どもは身の回りにあるものを遊び道具にします。むしろ、意図して作られた遊具より、新聞紙、トイレットペーパーの芯、ダンボール、包装紙などの不用品や草花や木の実などの自然素材などで夢中に遊ぶ子どもも少なくありません。子どもはこれらの素材を使って自由な発想で遊びを作り出していきます。保育者は、子どもがイメージを膨らませて遊びたくなるさまざまな遊びの種（素材）を子どもの目につくところに置いたり、それらを活用した遊びを工夫したりして子どもの主体的な遊びを応援します。

❹ 遊びと屋外環境

(1) 園庭での遊び

　子どもたちの多くは外遊びが大好きです。なぜなら屋外には、室内にはない子どもの心身を刺激する遊びの要素がたくさん存在しているからです。したがって園庭は、それらの要素を兼ね備えた多様性のある保育環境の一つとして備えておきたい環境です。では、園庭にはどのような遊びの要素があるのでしょうか。

　一つ目は、広い空間があります。**写真 2-4** の施設の園庭には、中心に広場があります。ここでは、自走したり、乗り物にのって走り回ったり、追いかけっこしたり、ボールを蹴ったりなど、天井のない開放的な空間で大地

写真 2-4　多様性のある園庭環境

20

に足をつけて思い切り身体を動かして遊ぶことができます。

　二つ目は、木々や草花、土・砂、水、風、光・影などの自然素材の存在です。砂遊び、泥んこ遊び、草花を使ったおままごとなど、屋外でしかできない遊びが日々繰り広げられます。子どもは、自然素材の性質やそれらを通した季節の変化を五感による直接体験を通して理解していきます。子どもが自由に自然素材を選択し、遊びが展開できるよう、園庭にも遊びを援助する各種遊具を日々使いやすいよう指定の位置に整理整頓しておくとよいでしょう（**写真 2-5**）。こうしておくことで、遊んだ後に片付ける習慣も身につきます。また時には、園庭にある木も遊具になったりします（**写真 2-6**）。

写真 2-5　使いやすく整理された遊具

写真 2-6　園庭の木も遊具に変身

　三つ目は、固定遊具の存在です。すべり台や雲梯、ジャングルジム、またこれらのコンビネーション型となったもの、築山などの一連の固定遊具は、多くの園で、園庭もしくは屋上などに設置されています。これらの遊具は、感覚運動の発達期にある子どもの身体の大きな動き（粗大運動）や手足を使った巧みな動き（微細運動）、身体意識、空間認知を育てる遊具としての役割を担っています。

　近年では、一つのコンセプトをもって園庭を作っている園もあります。**写真 2-7** は、閑静な住宅街にある保育所の園庭です。園庭には、元々あった大きい木に寄り添うように遊びの基地となるログハウスがあります。子どもたちが走りまわったり、乗り物にのって走行したりできるコースがあり、土の広場を囲むように木々が植えられています。子どもの目線でみると、まるで自然公園の中で遊んでいるようです。また、この園には、0、1歳児クラスからそのまま外に出て遊べる園庭もあります（**写真 2-8**）。中央が芝生になっており、転んでも危なくないようになっています。砂場は植え込みで囲まれていて、風も遮られ子どもは集中して遊ぶことができます。

写真2-7　ログハウスのある園庭　　　　写真2-8　未満児クラスの園庭

　以上見てきたように、園庭には、限られた空間の中に、自然を活かした子どもの発達を支える環境が意図して作られているのがわかります。このような環境がいつでも身近にあることで、子どもは伸び伸びとさまざまに身体を動かし、四季折々に変化する自然を五感で感じながら遊ぶことができるのです。屋外での遊びは、室内での遊びと比較すると子どもの行動範囲は極めて広くなります。保育者は子どもが安全に遊びに興じることができるよう常に全体をよく見回し、事故防止に努めることが求められます。

（2）園庭以外の屋外環境

　都市部にある保育所などでは、園庭のスペースを確保することが困難な場合が少なくありません。そのため、屋上やテラスを活用し、コンビネーション型遊具を設置したり、水遊びやプール遊びができるよう工夫したりしています。子どもが思い切り走り回ることができ、草花や木々に直接触れ、自然ならではの発見を楽しむことができる場所として、園の近隣にある公園も大事な保育環境となります。それぞれの園の実態や地域性を考慮して、子どもの発達援助に不足の生じない物的環境を整えていくことが必要となります。

参考・引用文献
仙田満（2009）こどものあそびと環境．鹿島出版会．
写真提供
鎌倉女子大学付属幼稚園
社会福祉法人さがみ愛育会幼保連携型認定こども園愛の園ふちのべこども園
社会福祉法人夢工房　日吉夢保育園

第 3 章

育ちと生活を支える
物的環境

❶ 保育室環境

　子どもが長い時間を過ごす保育室。保育者は子どもの目線になって常に見直す意識が大切です。子どもたちのためにあれもこれもと用意してあげたい気持ちもわかりますが、ものに溢れすぎた空間ではゆったりと過ごすこともできません。すべての子どもは自ら育つ力を秘めています。興味関心のあるものを発見し、自らかかわろうとする力。そんな力を信じてさらに広げるためにはどんな「手助け」があればよいのでしょうか。いくつかの事例を通して、子どもの目線で保育室環境のポイントを考えてみましょう。

広い保育室の中でもほっと落ち着けるスペースや遊びに集中できる雰囲気づくりが大切です。一人ひとりの「こうしたい」「やりたい」に応えるためにはどんな環境がよいのか保育者はいつも悩み考えながら保育を行なっています。

毎日過ごす保育室は大好きな空間であってほしいものです。子どもたちのイメージの世界や想像の広がりを意識した素材の準備、スペースの確保が求められます。

「もぐり」「穴蔵」とよばれるスペース。みんなと一緒の保育室。その一部にあるちょっとだけ一人になれる場所や隠れることができる空間は子どもの「こうしたい」に応える場といえます。子どもの行動特性を考え、あらかじめ室内にも穴蔵スペースを設ける施設が増えています。
また、隣の部屋とつながったトンネルは、探索行動を誘発し、回遊性もあることから子どもたちにとって大好きな場所となっています。

年長クラスでは、自分たちで考えた手作りのもぐりスペースも現れます。一人でやるよりみんなでやるとより楽しく想像も広がります。よく見ると、中は水族館のようですね。

子どもたちがごろりと横になってくつろげる柔らかい素材や場所があれば、思う存分ごろごろすることもできます。みんな一緒に寝ころんで本を読む姿もみられます。

第3章　育ちと生活を支える物的環境

保育の現場ではちょっとした間仕切りや目隠し、遊びの場面で段ボールは大活躍しています。安全で片づけも容易な段ボールは、子どもの遊びに応じて自由にアレンジできることから応答性の高い素材といえます。

子どもは大人の真似が大好きです。身近な生活体験から想像を広げ、どんどんつくりあげていきます。部屋のあちこちで夢中になって遊びこむ子どもたちの姿がみられます。

保育室内にある自由に使える水道はさらに子どもたちのイメージの世界を広げてくれます。
水は最も応答性の高い素材といえ、屋外だけでなく室内でもすぐに手に取って使いやすい場所にあれば、遊びの継続性や広がりを支えてくれます。

次の日、「じゅーすやさん」の裏をのぞいてみると、さらにカラフルなジュースがテーブルいっぱいに並べられていました。

乳児室では思い切りはいはいができるよう安全性と肌触りの良さを意識した床の仕様とすることがのぞまれます。
室内の色彩も調和を考え、あまり多くの原色を取り入れるよりも、心地よさを感じる優しい色彩構成が家庭的な雰囲気づくりにもつながります。

室内で過ごす時間の多い乳児室では、特に自然光を生かした優しい光がふりそそぐ環境と、通風の確保が求められます。
落ち着きのある環境は、子どもたちの集中のある遊びにつながるはずです。

ほふくの乳児でも手に取れる場所におもちゃや本をおくことで子どもの興味・関心を引き出します。
主体的な活動が促され、心身の発達にもつながっています。

保育者や保護者から使いやすいと好評のロッカーは、広い空間を仕切る役割も果たしています。
保育者からは室内全体を見渡すことができ、子どもや保育者の動きも確認することができます。

第3章 育ちと生活を支える物的環境

❷ 食環境

　「食べる意欲を育てることは、生きる力の強さにつながる」といっても過言ではありません。遊ぶための環境と同様、主体性、集中できることがキーワードとなり、そのためには「自分で選べる」環境を意識することが大切です。

　最近では、遊ぶ場所と食べる場所を完全に分けた「ランチルーム」を設置する施設も増えています。落ち着きのある雰囲気にすることで食事に集中でき、また子どもたちが自分で盛り付けるバイキング形式では、保育者に余裕が生まれ、その分一人ひとりのペースに合わせた対応・援助が可能となる効果もみられます。保育において食環境は家庭では味わえない「集団での食事を楽しむ」と同時に、子どもの「食べたい」を支えるためのさまざまな工夫・配慮がなされています。

1～2歳児の食事スペース。遊びのスペースとは棚で仕切った配置となっています。保育者のサポートが必要な年齢では、介助するためのスペース確保が必要となります。

3歳以上は食堂でのビュッフェスタイルでの昼食場面。
一緒に食べる「友だち」「場所」も自分で決めて座る姿がみられます。

ビュッフェ形式の良さは、自分のペースで量を調整できること。もっと食べたいを支えるとともに、苦手なものでも少しずつ自分から食べようとする気持ちを見守ります。

順番に並び、楽しく真剣に準備しながらマナーも学ぶことができます。箸やスプーンなど発達に応じた食器類が並びます。

食事場面でも足元がしっかり床につくイスがのぞまれます。3歳以上では大きすぎるイスよりも若干小さめのサイズの方が落ち着いた姿勢を保つことができます。

割れにくく適度な重さがある食器は子どもでも使いやすく、家庭的な雰囲気も生まれます。よくみると、隣の友だちと重ならないかたちの手作りナプキンも。

保育者のおもいが伝わってくる食材ボードは、子どもの食への関心・感謝を高めるために季節ごとに変えています。

調理室は子どもたちからよく見える場所に配置することで保育室までおいしそうな香りが届き、食への期待・関心をさらに高めてくれます。作ってくれる給食の先生も大切な存在です。

> 保育所で多くみられる食卓（机）のサイズと使われ方は、600mm×900mmの机を4名で、または600mm×1200mmの机を5〜6名で、というかたちが多くみられますが、介助や子ども同士の肘のぶつかりなどを考慮すると、600mm×1200mmの机に2名ずつ対面型で使う設定がのぞましいといえます。

第3章　育ちと生活を支える物的環境

❸ 排泄・清潔環境

　トイレ・水まわりについては、第一に安全で清潔な環境下であることが重要です。掃除や保育者の介助のしやすさへの配慮も必要となりますが、最近ではトイレと保育室を隣接させる配置も多くみられ、保育者が見守りやすくなることで、介助などの負担が軽減する効果もみられます。

　またトイレや洗面所では、排泄や手洗い・歯磨きだけでなく、順番を守るといったルールを身につける場にもなっています。

子どもの中には、トイレの個室に入って気持ちを落ち着かせるケースもみられます。明るく清潔なトイレ空間は、気持ちの切り替えや排泄以外の役割をもった場所ともいえます

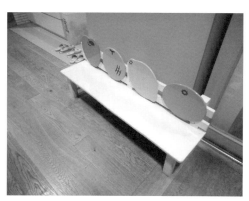

トイレ周辺に子どものサイズに合ったイスがあれば、自分のペースで衣類の脱着ができ、自立を助けてくれます。

便器の上段には、子どもの下着やトレーニングパンツを収納できるスペースがあると便利です。

便座寸法：子ども用便器については0〜2歳児で　高さ約170mm、幅約200mm、3〜5歳児で　高さ約270mm、幅約280mm、程度で、足が床につく高さがのぞまれます。

スリッパの位置に合わせたマークによって、脱いだスリッパを揃える意識が芽生えます。

自分から「きれいにしたい」「きれいにできた」という気持ちを大切にするために、保育者はさりげない手助けを意識します。

大人用トイレに設けられた収納力のある棚は使う側（保育者）からは、好評です。

4〜5歳児クラスの手洗い器は、就学を見据えてあえて手動のシンプルな蛇口となっている事例。子どもの成長ステップに配慮した設備といえます。また手洗いの際、子どもの目線に合わせた鏡があれば、自然と自分の顔をチェックする姿がみられます。

高さ調整がしやすい板状のステップ。施設内には年齢や体格に応じて気持ち良く使うための工夫がなされています。

> 子ども用手洗い器については、3歳前後で300〜450mm、4〜5歳児で400〜550mmの高さがのぞましく、蛇口は操作しやすいシンプルなデザインにしたいものです。

第3章 育ちと生活を支える物的環境

❹ 午睡・休息環境

　誰もが安心して休める、眠ることができる環境をつくることは、安定した心身の発達に欠かせない要素となります。「遊」環境・「食」環境と同様、身体を「休」めるための環境は、生きる力を育むための土台と言えます。年齢によっては「遊」「食」空間とは別の場所に確保することがのぞまれ、ほかの部屋や外からの騒音などに影響を受けずに落ち着いて休めるような配慮や工夫が必要となります。特に午睡中は室内空気質の汚れが高くなることから、空気の流れを意識した換気に留意することが欠かせません。

カーテンや照明で午睡に適した明るさに調整した上で、読み聞かせをしながら子どもたちの気持ちを落ち着かせます。

コットの上にタオルやマットを敷いて横になる子どもたち。午前中の活動で疲れた身体を休めます。

重ねて収容できる便利なコットは、通気性も良く、午睡に取り入れる施設が増えています。

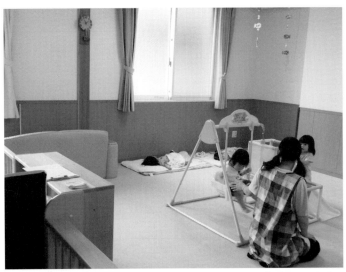

乳児室では子ども一人ひとりのペースに合わせた休息を意識しています。いつでも子どもの様子がみてとれるよう保育者はほかの子どもと活動しながらすぐ近くの安全な場所に寝かせることもあります。その際、子どもの顔色をチェックする必要から、室内を暗くすることはありません。

一人ひとりの「やりたい」を大切にすると同時に、みんなで一緒にやることの楽しさうれしさも少しずつ育てます。午睡や食事の移行時だけでなく、身体を休めたいタイミングを見計らって、全員がゆったりした気持ちになれる環境をつくります。

午睡の際、子どもの布団が重ならずに敷くことができるスペースが最低限必要です。さらに寝かしつけを行なう保育者のスペース、トイレや寝付けない子どもが移動するための出入りを考えると、600mm 幅以上の通路が必要といえます。

第3章　育ちと生活を支える物的環境

参考・引用文献

井場優芽・田中稲子・太田篤史・山本理貴・松橋圭子・三輪律江（2015）都市部の小規模保育施設における窓開閉による室内環境調整の実態．日本建築学会大会学術講演梗概集，791-792．

小林保子・駒井美智子・河合高鋭・宮崎豊・山城久弥・富永弥生・松橋圭子・榊原久子・阿部美穂子（2017）子どもの育ち合いを支えるインクルーシブ保育―新しい時代の障がい児保育―．大学図書出版．

定行まり子（2014）保育環境のデザイン―子どもの最善の利益のための環境構成―．社会福祉法人全国社会福祉協議会．

第4章

保育を支える物的環境

園内を見渡してみると、保育室のほかにも子どもの活動に欠かせないさまざまなスペースがあります。ダイナミックな活動ができるオープンなスペースもあれば、ゆっくり落ち着ける小さなスペースまで、楽しみながら安心して過ごせるための工夫や便利な設備もあちらこちらに施されています。

　また子ども目線だけでなく、保護者、保育者の目線からも施設の環境づくりを意識することが大切です。園内の環境を考える際には、保護者や保育者がくつろぎほっとできる雰囲気・場所の確保を図ることも重要といえます。

① 園内のさまざまなスペース

子どもにとっては廊下も遊び場。保育室とは違った「子どものやりたい」を実現できる大切な空間です。十分な広さと明るさが保たれた廊下は、活発な異年齢交流の広がりも支えます。

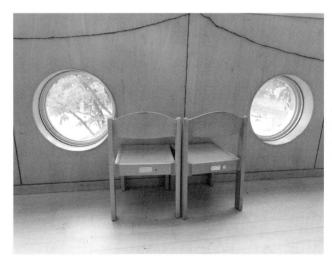

子ども目線に合わせた位置にある窓。自然光の取り入れだけでなく、そこに子ども用のイスを置くだけで気持ちを落ち着かせるスペースにもなります。

広さが確保された廊下は、大型作品の展示スペースとしても大いに活用できます。

朝・夕の少人数保育や午睡時の眠れない子どもの居場所としてあると便利なプラスαのスペース。

半地下になっていることで落ち着いたスペースが生まれ、夢中で遊びこむ子どもの姿がみられます。

天井が高く開放感があるホールは、多目的に使え、演奏会や運動会の練習など表現活動を支える場となります。また地域を支えるためのスペースとして開放・活用している園も多くみられます。

いつでも手に取ってみることができる図書スペースには子どもサイズの柔らかいイスやソファーがあればよりゆっくりと本の世界に入り込むことができます。

みんな大好きな読み聞かせの時間。
明るいらせん階段は、子どもたちが本と仲良くなるきっかけづくりにも役立っています。

園の出入り口付近には、靴の脱着がしやすい高さのベンチやイスがあれば落ち着いて行なうことができ、自立を助けてくれます。

最近では、園内のあちこちに「座る」環境を積極的に取り入れる園が多くみられ、置いてあるだけでも落ち着きやあたたかみのある雰囲気を醸し出す効果もみられます。

トイレの壁のかたちに沿って造られたアール（R）型のベンチは、柔らかい印象を与え、衣類の脱着以外でもちょっとしたおしゃべりやひと休みする場として大事なスペースとなっています。

第4章　保育を支える物的環境

半屋外の廊下は、室内とは全く違った開放感があり、移動以外にも多様な活動が行なえる貴重な空間です。2メートル以上の奥行があれば、遊びや食事スペースとしての活用度がぐっと広がります。

夏になると特設の水遊び場として有効に活用されている園のエントランススペース。木陰もあって気持ちの良い環境の中で、思う存分水とかかわることができます。

屋外だからこそ水を使ったさまざまな遊びが展開されています。わずかなスペースでも、工夫次第で子どもの思考力を刺激し、想像力を広げてくれる応答性に富んだ場となります。

自分たちで大好きな環境をつくる、気持ちの良い環境に整える気持ちも育てたいものです。ウッドデッキにある植物の水やりは、子どもたちなりに植物には欠かせないものと感じながら慎重に行なっています。

園庭にあるシンボルの木。
登れるような大きな木でなくても、その脇でくつろぐ子どもの姿もみられます。
隠れたり、葉っぱを触ったり。風を感じるゾーンとしても活躍しています。

木の根元に設置してある子ども用ベンチ。
子どもだからといって外でずっと元気に走り回っているわけではありません。ほっとできる場所として、屋外にも「座る」環境を積極的に取り入れることがのぞまれます。

園庭にある「穴蔵」スペース。狭いところにもぐりたがる子どもの行動特性に合わせて、室内外ともに設置する施設も多くみられます。

一緒に生活を送る動物たちは子どもたちにとって大切な友だちです。
普段から動物とかかわることで命の大切さを感じ、えさやりや小屋の掃除など自らする姿がみられます。
名前をつけることでより愛着をもって接するようになります。

夏の強い日差しを遮るための緑のカーテン。保護者にも協力してもらい立派に育ったヘチマでたわしづくりも行ないます。

毎日使う園バスも子どもの育ちを支える環境の一つといえます。雨の日でも通路に庇（ひさし）があれば乗り降りも落ち着いて行なうことができます。
「今日もがんばるぞ」「あぁ楽しかった」そんな声が聞こえてきそうです。

園の出入り口付近にも庇があるだけで、登降時の縁側的空間としての効果は抜群です。庇の下でおしゃべりをする保護者も多くみられます。

動線に配慮された駐車場は、送迎時の安全を支え、近隣との良好な関係づくりにもつながっています。

■保護者のための環境

送迎時、出入り口周辺に大人用のイスやベンチが置いてあるだけでも保護者の気持ちを和ませる効果がみられます。

園内にある大人用のイスとテーブルは、保育者へのちょっとした相談や保護者同士の何気ないおしゃべりができる貴重なスペースとなっています。
パソコンではその日撮影された保育活動の様子をみることもでき、情報公開の場としての機能も果たしています。

階段下の余剰スペースをカートやベビーカー置き場としてうまく活用しています。
毎日利用する保護者にとっては欠かせないスペースとなっています。

■保育者・職員のための環境

保育者が心身ともにほっとできる環境を園内に積極的に設けることは、質の高い保育を展開する上で欠かせないものといえます。

専用の休憩室では、保育者の昼食や休憩を行なう場として利用され、保育者の気力体力の回復に役立っていることも確認されています。

落ち着いて作業ができる職員室は、情報整理や情報共有・安全管理など、園の管理運営には欠かせないスペースといえます。

敷地確保の難しさはありますが、できれば保護者や職員が利用可能な駐輪場の確保ものぞまれます。

❷ 園内の設備・備品

強い日差しから子どもたちを守るための日除けシートは、風が通り抜ける素材が良いでしょう。

屋外にある使いやすい水道設備は、水遊びやプール活動を支えてくれます。水は想像力を育むためには欠かせない素材といえ、子どもが「自由に使える」ことが遊びの幅を広げてくれます。

2階のベランダにある開閉式の庇（テント）は、季節に合わせた日射の調整を可能にしてくれます。室内への遮熱だけでなく、歩行が安定しない乳幼児期の屋外活動時にも直射日光や雨を遮ってくれます。

樹木の名前を示す樹木札をつけることで自然物に目が向けられ、身近な存在として感じることができます。

乳幼児向け屋外運動遊具のマット。
軽量で扱いやすく、汚れもサッとふける素材となっています。

テラスやベランダでも使用できる乳幼児向け遊具。はいはいや伝い歩きの子どもが使いやすい仕様になっているのが特徴です。

乳幼児の保育室では、クッション性のある床材が適しています。タイルカーペットは部分的な汚れにも対応でき、感染症対策にもなります。

乳児室の一部にある畳のスペース。
はいはいやごろごろする子どもの目線に合わせた位置には大きな鏡もあります。

カーペットにはスペース分けやくつろぎを誘発する効果もみられますが、異文化や文字に興味関心をもてるような「しかけ」として使用してみるのも良いでしょう。

乳幼児向け室内運動遊具。
歩行での移動ができるようになると、探索行動や好奇心からの挑戦行動も活発になります。この時期は室内でも高低差のある環境を用意してあげることが大切です。

食事の介助がしやすく、一人ひとりの子どもと丁寧に向き合うことができるテーブル。保育者はすぐ目の前で見守っていますが、友だちとは離れた距離が保てているため、食事に集中しやすいデザインといえます。

調理室のカウンター内にある水道は、子どもの身体に合わせたサイズとなっています。食事中の手の汚れや食べこぼしもすぐに洗い流すことができ、食事場面での清潔を保つ上で役立っています。

第4章　保育を支える物的環境　**47**

衣類やカバンを収納できる子ども用可動式ロッカーは、用途に応じて簡単に移動ができ、部屋のスペースを分けたいときにも便利です。

乳児期では、衣類やおむつを保護者が毎日保育室に持ち込み、ロッカーに収納することもあります。ひと目でわかり、出し入れのしやすさにも配慮されています。

畳スペースの下に設けられた大きな引き出し型収納は、乳児の布団や大型の衣類などもすっきりと収めることができます。

子どもたちの絵を重ねて保管できるラック。乾いていない絵や描きかけの絵もすぐにしまうことができます。

廊下の天井柱に設置されたフックは、子どもたちの作品や絵を飾るために設けられた素敵な展示スペースとなっています。ライトアップされた自分の作品をみて、自信にもつながっています。

子どもたちの作品は、できるだけ飾りたいものですが、多くの手間もかかります。マグネット式の壁は飾る際の負担が軽減され、保育者からも好評です。

海外に比べて日本の保育室は必要以上の日当たりと明るさを求める傾向がみられます。
温かみのある照明は、子どもたちの気持ちを落ち着かせてくれる効果も期待でき、屋外活動とのメリハリをつけてくれます。
活動場面に応じて調整できる照明器具の設置や明るさを抑える布の活用もおすすめです。

保育施設のドアは引き戸が基本となります。
戸先はクッション材でカバーされたものも多く、安全への配慮がなされています。ドアを閉めても中の様子がうかがえる設えは、お互いに気配を感じることができ、空間を広くみせる効果もあります。

閉めた状態でも通風が確保されたドア。
近年、安全・健康に配慮した建具が積極的に取り入れられてきています。

第4章 保育を支える物的環境

わかりやすい掲示・サインは子どもだけでなく、大人の行為・行動も助けてくれます。

安心して園生活を過ごすために掲示は欠かせません。「どこに何がある」ということがわかっていれば、すぐにやりたいことが始められます。

参考文献

松橋圭子・佐藤哲（2017）保育者からみた『ほっとできる』施設環境のあり方に関する考察．日本建築学会大会学術講演梗概集，423-424．

第5章

子どもと自然環境

❶ 自然環境とは

　自然環境とわれわれ人とはどのような関係にあるのでしょうか。本来、この地球において人を含む動植物などが存在するのは、地球の有する自然、すなわち生態系がもたらした必然であったと考えられます。言い換えると、人も動植物も地球によって創生された自然物の一種であり、生態系の構成要素を成すものです。ただし、人と動植物との違いは何かというと、人が、知的能力をもつ動物として進化し、文明社会を生み出す力をもつに至ったことです。その結果生じたことは何か。人の力がまだ小さかったときは、自然は人がもたらした変化を受け止め、浄化もしくは再生する力をもっていました。しかし、人の影響力が大きくなると、自然はそれを受け止めきれず、もともと地球にあった川、海、草原、森林、生息するすべての生物からなる生態系のバランスが崩れ始め、今に至っています。

❷ 自然環境の変容

　近年、人が生活を営む環境は、大きな課題に直面しています。地球温暖化、それに伴う異常気象、生物多様性の減少、化学物質による空気や水、土壌の汚染など、資源の枯渇など世界を飛び越え、地球レベルで取り組まなければならない危機的な状態にあると言われています。とりわけ、近年の気候および気象に見る極端な現象は、20世紀以降に起きた可能性が強いことやそれらのほとんどに人間活動が寄与している可能性が報告されています。世界気象気候（WMO）は、2017年11月に「2013年から2017年は記録上これまでで最も暑い5年間となる見込みである」と報告し、2018年7月には、2018年も世界各地で記録的な猛暑が広がっていること、また、一連の異常気象は「温暖化ガスの増加による長期的な地球温暖化の傾向と関係している」との分析を発表しました。わが国も例外ではないことは周知の事実です。近年に見る異常気象とそれによる猛暑、少雨、豪雨による土砂災害など、自然災害の度重なる発生により、多くの人命が奪われ、生活が脅かされる状況に見舞われた地域も少なくありません。

　地球規模による生態系の変容は、身近な問題としてまだ捉えにくいかもしれません。しかし、保育者をめざしている、あるいは将来家族を持ちたいと思っている人には、今、成長過程にある子どもやこれから生まれ育っていく子どもにとって、崩れゆく自然環境は、どのような影響を及ぼすことになるのか、一考してほしいものです。

❸ 子どもの発達と自然との関連性

　子どもは環境からさまざまな刺激を受けて育っていきます。とりわけ自然環境は、子どもの「からだ」（身体発育・機能）、「あたま」（知的機能）、「こころ」（情緒、社会性）、すなわち全人的な発達に不可欠な刺激をたくさん与えてくれます。自然には、子どもの心身の発達を促す大切な要素が備わっているからです。

(1) 自然環境とからだ（身体発育・機能）の発達

1) 生理的諸機能の発達

　人のからだは、地球の自転による 24 時間周期に合わせて、体温や血圧、ホルモンの分泌など、身体の基本的な働きを約 24 時間のリズムで変化させ日々生活をしています。このような自律神経系をはじめとする生理的諸機能が最初から備わっているかというとそうではありません。人の生理的諸機能は、屋外での遊びや散策などを通して季節（四季）を経験し、それぞれの季節を特徴づける温度、湿度、気流、日照、気圧、気候などの刺激を繰り返し受けることにより発達していきます。そして子どもたちは徐々に環境への適応能力を身につけていきます。

　近年、平均体温が低い子どもの増加が報告されています。その要因として社会における生活スタイルの変化により、一日の中で子どもが外で身体を動かして遊ぶ時間が減少していることが指摘されています。本来は、暑い夏の太陽の下や寒さ厳しい冬の戸外で身体を動かして遊ぶことで、体温調節機能は培われますが、このような経験が少ない子どもは、体温調節が未熟なままで、免疫力が低く風邪などに感染しやすい状況になりかねません。エアコンの普及で快適な室内生活が享受できるようになった現代だからこそ、保育者や教育者が意図的に屋外の温熱環境を見ながら、自然の中で過ごす機会を提供することが大きな意味をもちます。

2) 身体発育と自然刺激

　子どもの身体発育にも、自然は大きく作用します。一般に身体発育にリズムがあることは知られていますが、季節性があることはあまり知られていません。子どもの身長の伸びは、植物と同様に春から夏にかけて大きく、秋から冬にかけては小さくなる傾向が見られ、反対に体重は、冬の増加が大きく、夏の増加は小幅にとどまりやすい傾向があります。これは、冬の寒さから身を守るため、また屋外での身体活動量が減少するため、脂肪が付きやすくなるからと考えられています。近年は、室内の温度が一定の範囲

に調整しやすくなったため、顕著な季節差は見られなくなった可能性も予想されますが、季節の変化や特性が子どもの発育に重要な刺激を与えてくれているのは確かであると言えるでしょう。

(2) 自然刺激とあたま（知的機能）の発達

　自然の中には、子どものわくわくどきどきなど、興味関心をくすぐる要素がたくさん存在します。われわれ大人はすでにたくさんの経験と学習によって自然の意味を理解していますが、子どもは、初めて目にするもの、手に触れるものばかりで、すべてが新しい発見の連続です。例えば、風の強い日に屋外で遊んでいるとき、肌を通して気づく風の力や風向き。園庭の木の下で発見した蝉の抜け殻。どろんこ遊びで楽しんだ泥の感触。野ぶどうを発見し、手で摘まんだらつぶれて真っ赤な汁が出てきたときの驚き。子どもは、自然素材一つひとつを日々の遊びの中から視覚や聴覚、触覚、味覚、嗅覚の五感を通して直感的に捉えていきます。このような体験を伴う遊びを「原体験の遊び」といい、その後の事物や事象への認知発達へとつながっていく貴重な体験です。まさに幼児期の子どもたちに存分に味わわせたい遊びです。

　それでは子どもにとって身近な自然素材にはどのようなものがあるのでしょうか。以前、保育内容「環境」の授業で、「身近にある自然素材あげてみよう」という課題を行なった際、「木、草、花、空気、水、川、雨、土……」というように、思いつくままたくさんの素材が出されました。次に、自然素材を分類してみるよう提案すると、**表 5-1** のように「植物」、「生き物」、「自然現象」、「自然物質」というように知識をベースに分類したグループもあれば、**表 5-2** のように子どもの目線に立った仲間集めをしたグループもありました。どちらも間違いではありません。知識としてきちんと自然を理解しておくことは、子どもの主体的な「なぜ？」の問いに応じる上で重要であり、自然を子どもがどのように捉えているのか、子どもの目線で考えてみることも子どもの思いに共感し発見を支える上では大事なことです。保育者は、つい子どもがどうしたら気づいてくれるかなどと考え、無意識のうちに仕向けてしまいかねません。まずは保育者自身が子

表 5-1　子どもの身近にある自然素材例①

植　物：木、草、花、苔、木の実、種、キノコ類、ほか
生き物：虫、貝、魚、小動物（うさぎ、ハムスター、リス）、鳥、犬、猫、昆虫、爬虫類、ほか
自然現象：雨、雷、雪、雹、氷柱、水たまり、風、雲、夕焼け、影、季節（四季）、ほか
自然物質：土、岩、砂、水、氷、太陽、月、星、空気、山、川、海、湖、ほか

表5-2 子どもの身近にある自然素材例②

水の仲間：水、雨、雷、雪、雹、氷柱、水たまり、川、海、湖、魚、貝、ザリガニ
木や草の仲間：木、草、花、苔、木の実、種、キノコ類、昆虫（セミ、カブトムシ）
土の仲間：土、岩、砂、山、みみず、幼虫、あり
空の仲間：雨、雷、雪、雹、風、雲、夕焼け、空気、太陽、月、星、虹
かわいい動物の仲間：犬、猫、ハムスター、鳥、うさぎ、鶏、やぎ

どもたちと一緒に自然を五感で感じ、子どもの自然発見やわくわく体験を共有したいものです。

(3) 自然刺激とこころ（情緒、社会性）の発達

　幼児期は、保育室や園庭、散策で歩く道や公園などでさまざまな環境にふれながら、豊かな心情や意欲、態度が培われていきます。その中でも自然が醸し出す美しさは、子どもの心を震わせたり、いっぱいにしたりと、情感を湧き起こす刺激となります。例えば、赤く染まる夕焼けを見て、そのきれいさにうっとりしたり、物悲しくなったりする感覚は大人になっても残っています。雨上がり、園庭にできた水たまりに太陽の光があたってキラキラ輝いているのを見てわくわくした記憶も同様です。これらの経験の積み重ねから、子どもの心にはたくさんの感情が生まれて、それを受け止める力が育ち、情緒の安定と豊かな情感が育まれていきます。このような感情を保育者や子どもどうしで共有、共感することで、社会性も培われます。

　以上、自然と子どもの発達とのかかわりをからだ、あたま、こころの視点から説明してきました。それでは、実際に保育活動の中で、子どもは自然とのかかわりを通してどのような育ちを見せるのか、事例を見ながら確認していきます。

❹ 自然を介した子どもの育ち

事例1　畑・田んぼの変身

　A保育園のある地域では、麦と米の二耗作が行なわれています。保育園の周りにはたくさんの畑があって、春から初夏にかけて緑から黄金色の麦畑が広がり、初夏から秋にかけては畑が田んぼに変身して稲がすくすく育っていきます。ある日園児たちに「先生、きてきて。ほら見て、麦畑がキラキラ光っているよ」呼ばれまし

た。園児の方に近寄って、指さす方を見ると、確かに、緑色の麦穂が風に揺られ、太陽の光を浴びてキラキラ光る姿が一面に広がっていました。子どもたちは「緑の空みたい」とか「ちがうよ、緑の海みたいだよ」とか「ぴんぴんしていてお行儀いいね」などとそれぞれがイメージしたことを楽しそうに披露していました。季節は変わり、麦刈が終わると、畑は田んぼに変身。近所の農家さんのご好意で園児は田植えをさせていただきました。園児の興味関心はさらに田んぼへと向けられます。緑の稲穂の背丈が高くなってきた頃、一緒に田植えをしたBちゃんが朝登園してくるなり、「先生、田んぼがね、病気になっちゃったの」と心配そうに話かけてきました。「ほら、ね。みんな横に倒れちゃてるよ。大丈夫かな」。なるほど、少し前まで麦がぴんぴんと元気に上を向いていたのを見ていたので、稲穂が徐々に首を垂れてきたのが心配になったようです。保育者が説明しようとしたとき、Cくんがすかさず Bちゃんにこう言いました。「僕知ってるよ。倒れてきて黄色なったらお米ができている合図なんだって」。そう聞いてほっとしたBちゃん。子どもの観察力と想像力は大人の想像をはるかに超えています。また、子どもどうしで学び合う力も培われているのがわかります。保育者は「Bちゃん、よく見ていたね。Cくんもよく知っていたね。先生、驚いちゃった」と心から二人の園児に共感しました（写真 5-1、5-2）。

写真 5-1　ツンツン元気な麦穂

写真 5-2　首が垂れてきた稲穂

事例2　鬼の子みたい

　都市部の保育園に勤務する保育士。休暇で帰省した地元で見つけた名産品の農作物を子どもたちに見せたいと持ってきました。「みんな、これってなんだと思う？」（**写真** 5-3）。保育士が見せるや否や、「え？なにこれ〜？」、「おもしろいかたちしてるね」、「つのがはえてるよ」、「あ、鬼、鬼みたい。でも怖くない鬼だね」などと一斉に話し出す園児たち。「そうだ、子どもの鬼みたい。鬼の子、鬼っ子だ〜」と、子どもたちの想像は一気に広がってきます。「先生、触りたい。触ってもいい？」と子どもたち。保育者が机の真ん中に置くと、早速触り出し、「かたーい」、「つめたい」、「ごつごつしている」などと、触った感触を口々に表現しはじめたかと思うと、「野菜かな？」「くだものかな」、「お花の球根かも」と、想像が次々に巡らされていきます。「じゃがいもに似ているよ」、「スーパーに似ているのあったよ」。子どもたちどうしで話が展開されていきます。「今、Dくんがお芋さんに似ているって言ってましたが、あたりです。これはね、『こんにゃく芋』と言います」。保育者が説明すると、「こんにゃく食べたことある。おでんにあったよ」、「僕も食べたことある」、「私もある。ぷよぷよしていたよ」と、初めて目にした奇妙な物体から、今まで生活の中で見てきたこと、経験してきたこと、学んできたことへと結び付け考える力があるのが見て取れました。野菜をはじめ食物はお店や食卓に並ぶ頃には、本来の姿から変化しているものも少なくありません。実際の姿を見たり、触れたりする経験は保育の中で積極的に取り入れていきたい活動です。

写真 5-3　こんにゃく芋、鬼の子みたいだね

❺ 自然や季節を感じる活動の工夫

　保育活動の中で、屋外で走り回って遊んだり、木々や草花、土に直接触れてどろんこ遊びやおままごとをして遊んだりする機会を日常的に取り入れるとともに、保育室など、園舎の中でも自然が身近に感じられる環境構成を心掛けることも大切です。とりわけ近年、都心部では商業ビルやマンション内にある園庭のない保育園も増えてきており、屋外で遊ぶ活動に制限のある園も少なくありません。保育者は、限られた条件の中でも園児が自然にふれ、季節感を感じることのできる環境を整える創意工夫が求められます。ここでは保育で取り入れたい活動と環境構成をそれぞれ見ていきます。

(1) 動植物を育てる

　多くの保育園や幼稚園で、動物や植物を育てる活動が行なわれています。このような活動を取り入れているねらいに、主に子どもが動物や植物とかかわる経験を通して、生命の尊さに気づき、命ある存在を大切にする心の育成があります。保育内容「環境」の中では、「身近な動植物に関心をもって接し、生命の尊さに気付き、いたわったり、大切にしたりする」と示されており、動植物とかかわる機会や育てる経験は、積極的に取り入れたい活動です。

　しかし、園で動物などの生き物の飼育や植物の栽培を実践するのは容易なことではありません。園全体で動植物の生命を守り、新たな生命の誕生も視野に入れながら、子どもたちと共に生活する覚悟が必要となります。例えば、休園となる週末や夏休みや冬休み中でも飼育活動や植物の水やりは欠かせません。飼育活動においては、飼育小屋の設置や維持、餌の手当などが必要となる場合もあります。突然動物が死んでしまったり、植物が枯れてしまったりすることもあります。園児の「なぜ」「どうして」の疑問や思いにいかに応じるか。保育者自身が明確な生命観をもっていることが求められます。

　動植物を育てる活動において大事なことは、園児が主体の活動であること、そして保育計画の中に明確に位置付けることがあげられます。日々の生活の中で、園児が餌や水やりをし、飼育小屋や虫かごを清掃するなどして直接的に動植物にかかわる中で、当該動物への興味関心はもとより、愛着と大切にしたい、守りたいとする心情が育っていきます。年中、年長のクラスでは、飼育の担当や誰がいつ行なうのかなど、飼育計画を子どもたちと一緒に考えていくのも主体的な活動につながります。そうすることで、決めたことを守り、行動する中で子どもたちの中に、責任感が培われていきます。

(2) 室内に季節感をもたらす工夫

　日本には、四季があります。外に出ると、気温や空の色、雲の形、太陽の位置、目に映る木々の姿などに季節性を感じることができます。とりわけ季節によって変化する自然に囲まれた地域であれば、なおさらです。その季節感をより身近に感じることができるよう、園内にも季節感のある環境構成を工夫したいところです。その方法の一つが壁面構成です。これは、保育室内の壁面を保育者や子どもの作品などで飾ることを意味する言葉であり、「壁面装飾」と合わせ、保育界で用いられている用語です。幼児教育は環境を通して行なうことから、幼稚園や保育園において「壁面構成」は、保育における生活空間および生活環境を構成する一部としての役割を果たしてきたと言われています。その壁面構成においては、保育内容「環境」のねらいや内容を踏まえ、子どもの興味関心を考慮して、四季折々の特徴や行事、子どもの生活をテーマに作成されることが一般的です。時には、子どもの製作活動と季節や行事を連携させ、完成した子どもたちの製作物を掲示するなどして、保育室を皆で作りあげていく楽しみも経験できます。自然体験は、屋外で五感を通し直接的にかかわることが大事ですが、保育室など、室内においても保育者の創意工夫による空間の演出によって、子どもは自然を身近に感じ、行事を楽しみにするなどの期待感をもつことができます。

　壁面構成の一つにカレンダーがあります。カレンダーは、1年間の月日の流れや季節の移り変わりを間近に見て確認でき、日々の生活にかかわりづけるのに適しています。1月はお正月、2月には節分で豆まきをします。3月は雛祭りや卒園式などの行事があります。桜が満開を迎える時期の4月には入園式や始業式があり、5月には端午の節句に子どもの日があります。このようにその月々を象徴する季節感あふれる紙面構成が楽しめます。保育室にカレンダーがあると、視覚的に季節や行事を理解したり、行事を楽しみにしたり、過去の楽しかったことを振り返ったりすることもできます。カレンダーは子どもの発達段階に合わせて手作りするのもよいでしょう。子どもが近寄って見たくなる、触りたくなる、翌月のページをめくるのが楽しみになるものがのぞまれます。保育者が保育のねらいを込めて作成したり、選択してもよいですが、子どもたちと折り紙で作った花や葉っぱを貼り付けたり、散策で見つけた草花や昆虫を子どもたちが描いて作るのも楽しい活動となり、より愛着も生まれます（**写真 5-4、5-5**）。

　またカレンダーは、数や文字などへの関心を引き出す上でも適当な環境構成でもあります。自分の誕生日の月や数字を目にし、あといくつ寝るとお誕生日だねとか、カレンダーを指差ながら、「9月は運動会があります」などと、子どもたちの生活に関連づけ

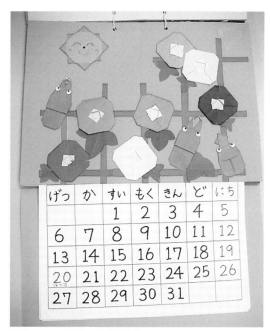

写真 5-4　紫陽花にかたつむりいるかな　　写真 5-5　園庭にも朝顔咲いてるかな

ることで数への興味関心が促され、その後の数の理解へとつながっていきます。

❻ 子どもが安全に自然とかかわるために

　本章の冒頭で述べたように、近年、地球規模で自然が壊れはじめ、これからも私たちの生活を脅かしかねない状況にあります。また保育の形が多様化し、園を取り巻く環境も地域ごとに異なる中で、いかに子どもの生命を守り健やかな育ちを支えていくか、保育現場に突き付けられた課題は大きいと言えます。子どもの発達にとって自然体験は不可欠です。しかし、外遊び一つとってみても、思う存分に遊ばせてあげたい反面、紫外線や黄砂、微小粒子状物質（PM2.5）などが子どもの身体に及ぼす危険性を考えると、心配はつきません。子どもの自然体験は、紫外線対策や環境測定など各地域の状況に応じた対策を地域の関連諸機関と連携を取りながら進めていく時代に入っています。

　園庭がない保育園では、地域の公園や小学校との連携を通して思い切り遊べる場の確保に努めたいところです。保育室に季節の花を飾ったり、ベランダや窓際でプランターを使って花や野菜を育てたり、昆虫を飼育してみるのも子どもたちにとってはかけがえのない直接体験の経験になります。

❼ 自然を大切にする心と態度を育てる「環境教育」

　領域「環境」のねらいの一つに、「身近な環境に自分から関わり、発見を楽しんだり、考えたりし、それを生活に取り入れようとする」が掲げられています。そして保育で取り扱いたい内容として、「身近な動植物に親しみを持ち、いたわったり、大切にしたり、作物を育てたり、味わうなどして、生命の尊さに気づく」「身近な物を大切にする」があります。日々、園庭や公園で草花を用いて遊んだり、砂遊びをしたり、昆虫とふれあったりする中で、同時に、それらにも生命があることを知り、それを守ろうとする気持ちが育っていくことが期待されます。自然やものを大切に思う気持ちは、自らの生活におきかえて考えるようになると、自分のとるべき行動が見えてきます。それが、ねらいにある「生活に取り入れようとする」姿であり、日々の集団生活の中で、遊びと生活のつながりの中で育まれていきます。

　保育活動の一つとして、環境教育的な視点から、地域と連携し、子どもが体験を通して学ぶことができる活動も行なわれています。事例を一つ紹介します。

事例3　E保育園のリサイクル体験

　9月のある日、E保育園に横浜市の資源循環局職員の皆さんとごみ収集車が訪問し「3R夢スクール（スリムスクール）」が開催されました。これは、横浜市が行なっている活動の一つで、ごみの分別など正しい知識を学んでもらうことを目的に小学校や保育園・幼稚園を対象に開講する環境教育の取り組みです。この日は、4、5歳児がホールに集まり、職員さんからごみ収集とはどのような仕事なのか、お話を聞きました（写真5-6）。その後、園庭に移動し、実際にごみ収集車が迫力いっ

写真5-6　ビニールは何に変身するかな？

写真5-7　ごみ収集車ってすごい

第5章　子どもと自然環境　61

ぱいにごみを取り込むところを見たり（写真 5-7）、ごみの分別方法を学んで、実際に分別体験をしたりしました。リサイクル体験では、ペットボトルは何に生まれ変わるのかなど、職員の方に丁寧に教えてもらいました。

　実際に、このような活動は、子どもたちにとってどのような体験になるのでしょうか。園長に話を聞くと、「子どもたちは皆集中し、楽しみながら活動に参加していました。比較的、家庭でもごみの分別をしているためか、子どもたちはよく理解しているようでした。今日の活動が終わった後も、分別やごみ箱の話をしていたりなど、ごみの分別やリサイクルなどについて意識として前向きである様子が見て取れました」と子どもたちにとって、実際に仕事をされている方々に話を聞き、ごみの分別などを体験することで、楽しみながら生活を関連付けて考えたり、改めて確認できたりする機会になったことが伺えました。この園では、同じく市の資源循環局が実施している「3R夢農園」事業と連携し、給食残さを利用した土壌混合法により作った土で野菜を栽培し「食の循環」を学ぶことで「食べ物を大切にする心」を育てる保育も実践しています。

　以上は、地域と連携した取り組みでしたが、日常の保育活動を通して、ものを大事にすること、ごみをきちんとごみ箱に分別して捨てることなどが、身近な自然を守ることにつながるということを、子どもたちと発見していきたいものです。

参考文献
幡野由理・山根直人・小田倉泉（2009）保育環境における壁面装飾の意義 1―幼稚園教員・保育士への質問紙調査から―．埼玉大学紀要教育学部，58(2)：171-181.
環境省「環境白書―循環型社会白書／生物多様性白書〈平成 26 年版〉PDF 版」
　　http://www.env.go.jp/policy/hakusyo/h30/pdf/full.pdf
国連連合広報センター「世界気象機関（WMO）報告書 2017 年は異常気象の記録を破り、少なくとも過去 3 番目に暑い年に」http://www.unic.or.jp/news_press/features_backgrounders/26487/
松本敦監修　松田壽子・横山美恵子・木村亘（2005）保育・教育シリーズ 3　環境とあそび．久美．
文部科学省（2017）幼稚園教育要領．文部科学省．
鈴木路子編著　金子勇・小林保子・増田敦・増野智子著（2007）人間環境・教育福祉論．光生館．
横浜市資源循環局 HP　http://www.city.yokohama.lg.jp/shigen/

事例および写真提供（事例 3、写真 5-6、写真 5-7）
社会福祉法人夢工房　日吉夢保育園

第6章

自然とふれあう・伝統行事にふれる

❶ 生活と自然

　さまざまな環境の要素の中でも、自然環境は子どもたちの生活に直接かかわっていることが明確に感じられることが多く、保育中も折にふれて話題としても取り上げられます。幼稚園教育要領や保育所保育指針領域「環境」の中でも、身近な自然に直接触れる体験をすることや自然とのかかわりで育まれる気づきや気持ちの重要性が述べられています。

　海洋生物学者であるレイチェル・カーソンは、神秘さや不思議さに目を見張る感性（センス・オブ・ワンダー）を自然体験を通じて育むことの大切さを述べています。さらに、そうした経験に対して、子どもと共に喜び感動を分かち合う大人の存在の重要性についてもふれています。都市開発や地域環境の変化により身近に自然を感じにくくなっている今、自然の美しさや変化に気づき、関心をもって一緒にかかわってくれる大人がそばにいることは、子どもの育ちにとって大きな意味をもつことになります。保育の場面では、身近な大人である保育者自身が自然に魅力を感じ、面白がってかかわる姿勢を大切にすることが求められます。

　植物や昆虫とふれあい「自然」を学ぶことは、それらが生育できる環境が限られているため、園庭をもたない施設や自然のあまり多くない地域では、ふれあいそのものが難しいと感じるかも知れません。しかし自然環境とは植物や昆虫だけを指すのではなく、水や土、空気、風、空、宇宙など生活の中のいたるところに存在しています。また、散歩で通る道端や公園などにも、よく見ると小さな自然がたくさんあります。さまざまなものを発見することにも楽しさを味わいながら、自然の不思議や生命の尊さを感じることができます。

（1）自然物で遊ぶ

　日本の自然は四季折々にその姿を変え、私たちを楽しませてくれます。その季節を代表する植物や気候、自然現象などから私たちは季節の移り変わりを感じ、過ぎていく季節を名残惜しく思ったり、これから訪れる季節や年中行事に向けて準備をしたりして過ごします。

　保育活動では、自然物やその季節ならではの草花などを使った遊びや、制作活動を行ないます。遊びへの取り入れ方は子どもによってそれぞれで、例えば枝や花、落ち葉などであれば、拾い集める行為そのものが遊びになっていることもあります。その後、拾

写真6-1 ドングリの制作

い集めたものを使って絵を描いて遊ぶ子どもたちもいます（写真6-1）。またほかの子どもたちは、食材に見立ててままごと遊びに取り入れます。このように自然物の使い方に決まりはなく、季節によって手に入る素材も異なることに、遊びながら触れていくことができます。また、その自然物がもつ特性が名前の由来になっているものもあり、例えばオシロイバナは、種の中身を割ると化粧に使うおしろいのような白い細かい粉が出てきます（写真

写真6-2 オシロイバナ

6-2）。こうした遊びを提供するためには、保育者自身も遊びを知り、その面白さを体験した上で、子どもたちにも伝えていくことが重要になります。

　園庭に出て遊んだり公園に出かけたりする機会を設けることは、保育を計画する上でも意識的に取り入れたい活動です。身近な自然に触れる機会を大切にし、遊びの中に取り入れたり、ネイチャーゲームなどの活動を通して、自然を注意深く観察しながら自然の不思議さを感じたりと、五感で自然に触れる楽しさを味わうようにしていきましょう。

（2）自然現象を楽しむ

　雨が降ると、外遊びができないと残念に感じる子どもたちがいます。しかし、雨も保育者の工夫次第では、楽しい保育教材になります。どのような方法が考えられるでしょう。静かに雨の落ちる音を聞く、聞こえた音を言葉で表す、いろいろな形の器に雨を集

める、雨樋を使って雨の流れ道を作る、水たまりの波紋を観察する、傘を使って雨のあたる音を楽しむなど、さまざまな方法が考えられます。こうした自然現象は、人の手では起こすことができません。いつでも触れられるものではないからこそ、それらを生かして楽しめる遊びを提供していくことで、自然とのかかわりが深まっていくことが期待できます。いつもなら「ダメ」と言われてしまうような遊び（水たまりに入る、傘をささずに外に出るなど）も、実践して味わう感覚や初めて気づく不思議との出会いになることもありますので、可能であれば体験できる環境を作っても良いでしょう。

事例1 風って触れるかな

秋らしい風が吹くようになってきた10月。5歳児の子どもたちが「今日は風が冷たいね」と話していました。そばにいた保育者が「昨日はどうだった」と尋ねると「ぬるかった」と答えました。保育者が「同じ風なのに違うんだ、どうしてそう思うの」とさらに尋ねると「だって触ったらわかる」と答えました。風って触れるかな、という保育者の声をきっかけに、周りの子どもたちは両手をいっぱいに広げてみたり、揺れている旗を触ってみたりと、思い思いに風に触る方法を考え始めました。ある子どもたちは、大きなビニール袋を広げました。風を受けたビニール袋はパンパンに膨らみましたが、風を閉じ込めようと入り口を結ぶときに少ししぼんでしまいました。「風ってすぐ逃げちゃうんだね」と話しながら、その後もビニール袋に風を受ける遊びを繰り返し楽しみました。

雨や風のほかにも、雷、雪など天候にかかわる自然現象は多くあります。それらにふれる機会があるときには、保育の中でも積極的に話題にすることで自然現象と子どもの関心とを意識的につないでいけるようにします。また、関心をもったことに対して、子どもたちが自分で調べたり試したりできるよう保育環境を整えることは、子どもたちのより深い学びへとつながります。地震や台風などの災害もひとつの自然現象ですが、恐怖心ばかりをあおらないよう保育者が正しい知識をもって保育に取り入れていくことが大切です。

❷ 飼育、栽培を通してふれる自然

（1）生き物とかかわる

　季節を表す「二十四節気」の中に「啓蟄」というものがあります。これは「土ごもりをしていた虫たちが外に這い出る」ことを指していて、暦で言うと3月上旬頃です。アリやダンゴムシは、身近な生き物なので一年中目にしているような気がしますが、寒い冬の間はほとんど見かけることはなく、啓蟄の言葉の通り、この頃になると、少しずつ動きが活発になってきます。こうした変化から季節を感じることもあります。

　子どもたちが生き物にかかわることに関心をもち、楽しんでふれあうためには、保育者自身が変化に敏感になって子どもたちが気づくきっかけを作ったり、子どもの手の届くところに虫や生き物の図鑑を置いておいたりとさまざまな工夫をすることが期待されます。また園内の環境を、生き物が暮らしやすいよう（餌となる植物がある、隠れ家となるような場所があるなど）整えておくことで、生き物とのふれあいの機会を作ることも可能です。保育者の中には、昆虫をはじめとする生き物が苦手な人もいるでしょう。しかし、保育者の苦手意識が、そのまま子どもたちが生き物に関心をもつ機会を奪ってしまわないように留意することが大切です。

事例2　カエルと向き合うA

　3歳児のAは生き物を探すことが大好きです。ある日、園内にある小さな田んぼの中に数匹のオタマジャクシを見つけました。喜んでクラスに持ち帰ると、水槽に入れてパンくずを餌として与え、大切に大切に育てました。やがてオタマジャクシが成長してカエルになると、餌のパンくずを食べなくなりました。このまま飼い続けることは難しいから元の田んぼに戻した方が良いと考えるクラスの子どもたちと、どうしても手放したくないAとの思いは平行線です。するとある子どもが「カエルのおかあさんが、その子を探してるかも」と言いました。それを聞いたAは「おかあさんに会えないのは悲しいよね」と自分を納得させるようにつぶやくと、田んぼに放しに行きました。

　Aはオタマジャクシやカエルの食べ物を調べたり、それぞれの生態に合わせて水槽の環境を考えたりと大切に飼育しようとしていました。この頃、少しずつ大きくなるカエ

ルに愛着がわき、家庭での会話もこのカエルの様子を話すことが多かったそうです。だからこそ、カエルの心情を自分に重ね、カエルにとってより良い環境である「カエルのおかあさん」のところへ帰してあげようと思ったのでしょう。このやりとりの中に、Aの生き物に対する慈しみの気持ちを感じることができます。

　施設で動物を飼っているケースも多くあります。ウサギやニワトリ、モルモットなどは、掃除などの世話やかかわりを通じて、それぞれの動物の食事や排泄について知ることができるだけでなく、息遣いや温かみに触れることで、自分たちと同じように命があるということに気づくことができます。また、キンギョやザリガニ、カブトムシなど、本来の生息場所ではない環境で飼育する場合には、餌やすみかはどのようにすれば良いか、ある程度の知識をもって整えることをしなければなりません（**写真 6-3**）。世話を怠ったり、過度に触るなどの飼育環境を続けていると、ふいに元気がなくなってしまったり、死んでしまうことにもつながります。こうしたかかわりは、生き物にとってのストレスになり、それが命にかかわることも学びます。

　生き物の世話を子どもたちが主体的に行なうことは重要な経験ですが、保育者は様子を見守るだけではなく、適宜参加し、かかわりの様子や飼育環境作りに対しての援助を行なうようにすることがのぞましいと言えます。

写真 6-3　身近な飼育環境

（2）栽培をする

　栽培活動はそれぞれの施設が工夫して取り入れており、できるだけその生育の過程を含めて、子どもたちにとって身近なものであるよう配慮をしています。野菜や草花などの栽培活動は、一つの植物が種（球根、苗などの場合もある）から芽が出て、葉が開き、花が咲き、実が成るというように成長していく様子を間近で見ることで、植物への親しみや収穫に向けての楽しみにつながることが期待されます。

　例えば、アサガオは黒い小さな種を植えるところから始まり、芽が出て葉がどんどん増えていく様子が顕著で、数日の間でどれだけ成長したのかに注目しながらかかわることができます。朝登園をしたときには咲いていた花が、昼食を食べるころには閉じてい

るなど、一日の中でも変化があり、花にも命があることが感じられます。また花が終わった後には、最初に植えた黒い小さな種と同じものができており、花の命が一回りしたことを感じ取るのです。このほかにも、ミニトマトやキュウリなどの栽培活動では、実がなるまでに成長した後、それを収穫して食べることまでを一続きの活動として行ないます。トマトやキュウリが苦手だという子どもも、一日一日色づいたり大きくなったりする野菜には興味を抱き、このときばかりは野菜を食べてみようという気持ちになって挑戦することもあります。

　これらの花や野菜はプランターや鉢などの比較的狭いスペースでも栽培することができるため、保育室のそばで成長を感じることができます。生活空間のそばにあることで、子どもたちが水やりしたり日当たりを気にかけたりと、栽培活動に積極的に参加する姿がみられます。

　園内に菜園や畑を作ることのできる施設では、ジャガイモやサツマイモ、ダイコンなどの野菜を育てていることもあります。それぞれ、種芋を植えたり苗から育てたりという違いがあり、収穫の時期も異なることから、成長の仕方の違いや旬を感じながら野菜にかかわることができます。園内にそうしたスペースがない施設でも、地域の農家の協力を得て、畑の一部を借りたり収穫を手伝ったりといった体験に結び付けているところもあります。

❸ 自然と壁面構成

　施設では保育室内の壁面構成を行なうとき、4月にはサクラの木、5月にはこいのぼり、6月にはアジサイや傘……というように、その季節に象徴される草花や気候、行事などをテーマに取り入れることが多くあります（写真6-4）。季節感を取り入れた壁面構成を行なうことで、子どもたちがその季節ならではの自然を感じられることにも配慮をしています。壁面環境は、保育者がすべて整えてしまうのではなく、子どもたちの制作物などの作品を取り入れたり、季節の話題をポスターにして掲示したりと、

写真6-4　壁面

子どもたちが関心をもって見たくなるようなもので構成されています。

　ここに取り上げる制作物や季節をイメージした装飾などは、自然環境と子どもたちの直接体験が結びついていることがのぞましいのですが、住んでいる地域や生活経験の違いによっては、あまり身近に感じられないものもあるかもしれません。例えば入学式の季節である4月は、サクラをイメージした壁面環境が作られることが多くありますが、この時期温かい地域ではすでにサクラの時期は過ぎ、寒い地域ではまだつぼみが固く閉じている、ということもあります。直接体験にこだわりすぎてしまうことで、かえってその季節や時期に関する知識や関心につながらないこともあるので、保育者は壁面環境を通して広く季節や伝統行事に関心がもてるようはたらきかけるようにします。

　さまざまな壁面環境の中には、イラストとしてのかわいらしさや華やかさが優先され、実在する花や昆虫とは大きくかけ離れてしまっているケースもあります。子どもたちにとって保育室は、楽しく安心して過ごすことができる空間であることが大切であり、そのためにカラフルな色づかいや温かい雰囲気のあるイラストで工夫することも重要です。一方で、壁面環境がさまざまな自然と出会うきっかけとなることにも十分に配慮をして構成する必要もあります。植物の葉の形や、色合いなど実物がどのようになっているのかを壁面環境から感じることが、子どもたちが身近な自然に関心を抱くことにもつながります。

❹ 伝統的な行事や遊びに親しむ

　平成29年告示幼稚園教育要領では領域「環境」の内容に「(6) 日常生活の中で、我が国や地域社会における様々な文化や伝統に親しむ」という項目が新たに追加されました。日本には生活に深く結びついたさまざまな行事があり、幼稚園や保育所における保育活動を通しても、それらにふれる機会があります。子どもたちは、その伝統行事を通して、季節の移り変わりを感じたり、昔の生活の様子を想像して親しみをもったりするのです。

　例えば、七夕（たなばた）は園生活に限らず、その季節になるとあちらこちらで短冊を飾っている様子が見られる、日本全国に浸透している伝統行事と言えます。彦星と織姫が登場する七夕物語や、願い事を書いて笹に飾る風習は有名ですが、七夕がもともと中国から伝わってきた行事であることや、地域によってはこの日そうめんを食べる風習のあることは、広く知られてはいません。また「たなばたさま」の歌に出てくる「ごし

きのたんざく」という歌詞は、「五色」つまり赤・青（緑）・黄・白・黒5つの色の短冊を示しており、それぞれに意味があると言われています。

　このように、よく知っている行事であってもその由来や過ごし方を調べてみると、それぞれ意味が込められていることがわかります。近年は七夕飾り自体の見た目の華やかさや商業的な意味合いの方が注目され、本来の意味が薄らいでいる場合も多くあります。保育の中でこのような伝統行事にふれる際には、保育者は、例年行なっている活動をそのままなぞるだけではなく、その活動に込められた意味や思いを子どもたちに伝えながら取り入れていくようにしましょう。

　また「暑さ寒さも彼岸まで」という言葉がありますが、それまで続いた厳しい冬の寒さも夏の暑さも、春彼岸・秋彼岸を境に少しずつ和らいでくることを表しています。ほかにも「十五夜」の夜に見られる美しい月を「中秋の名月」と特別な名前を付けていとおしむ風習などがあります。このように、気候の変わり目やその季節の特徴を表す表現などは、生活を通してふれる中で語り継いだり特別な思いで過ごしたりと古くから大切にされてきました。こうした表現や感性も、日常の中で意識的に捉えてこそ使ったり気づいたりできるものであることから、伝統として行なわれているさまざまな行事に加えて、それに伴う多様な表現も、保育者自身が関心をもって調べたり他者の話やメディアなどから知識を得ることで、子どもたちがそれらにふれる機会を作ることが大切です。

　文化や伝統に親しむ活動として、伝統的な遊びを取り入れることも領域「環境」の内容の取扱いに述べられています。その一つとしてあげられているのが「わらべうた」です。わらべうたは、単純なリズムや音程で作られていて、「あんたがたどこさ」のようにまり（ボール）やお手玉などの道具を使って遊ぶもの、「おちゃらかほい」のように二人でやりとりをして楽しむもの、「はないちもんめ」のように簡単なルールのもとで大勢で遊ぶものなどがあり、わらべうたを通して人と人とのつながりを感じるとともに、昔ながらの遊びにふれる機会となります。

　わらべうたのほかにも、伝承遊びと呼ばれるさまざまな昔ながらの遊びにふれる機会も保育の中に取り入れられます。日常的に遊べるように環境構成を行なっている施設もありますが、特に正月には、かるた遊びや凧揚げ、羽根つき、こま回しなどの伝承遊びにふれる機会を作っているところも多く、普段親しんでいるおもちゃではない、特別感のある遊びとして楽しんでいる姿もみられます。こうした遊びは、コツをつかんで上手にできるようになるまでには繰り返し練習をする必要があるものも多く、一つの遊びにじっくり取り組んだり、友だちと情報交換をしながら遊んだりする経験を得ることがで

きます。また保護者や祖父母、地域の方に教えていただく場を設けるなど、遊びを通して多くの人々とふれあう経験にも発展させることができます。

　このような伝統行事や遊びにふれることで、地域社会とのつながりを感じたり、日本や地域の文化に対して親しみをもつようになることが期待されています。

参考文献

厚生労働省（2017）保育所保育指針．厚生労働省．

無藤隆・汐見稔幸・砂川史子（2017）ここがポイント！3法令ガイドブック—新しい「幼稚園教育要領」「保育所保育指針」「幼保連携型認定こども園教育・保育要領」の理解のために—．フレーベル館．

文部科学省（2017）幼稚園教育要領．文部科学省．

文部科学省（2018）幼稚園教育要領解説．文部科学省．

レイチェル・カーソン　上遠恵子訳（1996）センス・オブ・ワンダー．新潮社．

第7章

子どもと情報環境

❶ 情報環境とは

　「情報を得る」とは、どのような場面で行なわれているのでしょうか。本を読んだりインターネットで調べたりすることで今まで知らなかった知識を得ること、テレビや新聞などから新しい社会の出来事について見たり聞いたりすること、他者の話を聞くことでさまざまな考えに触れることなどが主な場面としてイメージされるでしょう。

　しかし、ここでの情報はもっと広い意味での捉えとなります。例えば散歩中、目の前に大きな水たまりがあったとき、あなたはどのようなことを考えて行動するでしょうか。「水たまりがあるということは、昨日雨が降ったんだな」と天気のことについて推測したり「濡れないように避けて歩こう」と自分の次の行動を決定したり、あるいは「長靴で入ったら面白そう！」と考えるかもしれません。こうした思考は「水たまり」がもっているさまざまな特徴を「情報」として受け止めた結果であり、どのような情報を得て、それをどう生かしていくのかは人それぞれです。情報は意図的な文字・映像・音声以外にも、さまざまなものの中に含まれており、私たちは多様な状況から発信されている多くの情報を受け取りながら日々生活をしています。

(1) 保育室にあるさまざまな情報

　私たちは生活をしている中で、見たり聞いたり、触ったりすることでさまざまな情報を得ることができます。しかし、子どもたちは初めからあらゆる情報を適正に受け止めているわけではありません。成長していく中で得る知識や経験によって、ものの色や形、におい、文字、音などの情報を意味のあるものとして受け取ることができるようになります。子どもたちはこうして生活する中でたくさんの情報を読み取る力をつけていくのです。

　保育者は、保育を通じて子どもたちの情報を読み取る力が育まれていることを意識し、保育室の環境は子どもたちの育ちに合わせて適宜考慮して構成していくことが大切になります。

事例1　時計のしるし

　ある園の5歳児クラスの壁掛け時計はアナログ式のもので、「8」のところに赤い矢印がついています（写真7-1）。朝の自由遊びの片付けを始める時間がおおよ

そ毎日9時40分であることから、分針のところに印をつけて、子どもたちが自分で時計を見て活動できるように工夫をしています。次第に保育者が「片付けだよ」と声をかけなくても友だちどうしで声をかけあって片付けを始めたり、片付けの時間までにできることとできないことを見極めて遊びを考えたりする姿が見られるようになりました。

写真7-1　時計

　数字に関心をもち始めた子どもたちに対しては、時計を使って時刻を伝えることがあります。保育者は時計の話をするときには、「40分、時計の8のところだよ」と、今見えている数字と合わせてアナログ式の時刻の言い表し方を用います。アナログ式の時計の読み方は小学校の算数でも学ぶ機会がありますが、それ以前から生活の中では親しんでいるものです。時計に書かれた数字の表すものを理解するとき、生活の中での必要感に基づきながら学ぶ機会を保育者は提供します。

(2) 子どもの目線を意識した環境

　(1)で述べたように、保育室の中や生活の中にはさまざまな情報が含まれており、保育を通して、子どもたちがさまざまな情報に対して積極的にかかわったり生活に取り入れたりしようとする姿勢が育まれることが期待されています。そのためには、子どもたちが意欲的に情報にふれ、それを生かすことができるような環境作りが求められます。

　例えば、手洗い・うがいの大切さを伝えるためにその方法をイラストにしたポスターを作成したとします。これを皆さんならどこに掲示するでしょうか。子どもの目線よりも高いところに貼ってしまうと日常的に目にすることが難しくなります。かといって子

どもの身長に合わせてさえいればどこでも良い、というわけではありません。この場合、その情報が生かされる場として、手洗い・うがいを行なう場所、つまり保育室の水道がある場所でかつ子どもの視線に入りやすいところに掲示をすることで、ポスターのもっている情報が生活の中に生かされることが期待できるのです。

❷ 自主性を育む情報表示

　身の回りにある情報が、その都度的確に表示されていることにより、日々の活動がスムーズに行なうことができたり活動や思考が広がったりと、生活がより豊かになることが期待されます。反対に、有益な情報が見えるように表示されていなかったり不明瞭であったりすることで、必要な情報が得られず、生活そのものが不安になってしまうこともあります。

　子どもたちの過ごす保育環境を考えるとき、まずは安心して過ごすことができるよう環境構成を整えることに配慮をします。そのとき、子どもたちがそれらの情報を生かしながら、自ら考えて活動を選択していけるような工夫が求められます。こうした視点をもつことで、居心地の良い空間の中で、主体的に生活していくことができる環境を作っていくことが可能になります。

(1) 安心して過ごすことのできる情報

　安心して過ごすために必要なこととは何でしょう。みなさんは初めて行く場所や初めて会う人に対して、不安な気持ちを覚えることがあると思います。それは、これからどんなことが起こるのか「わからない」からだと考えられます。わからないことで不安になる気持ちは子どもも大人も同じです。どこに行けばよいのか、何をしたらよいのか、こうしたことがわかってくると次第に安心して過ごすことができるようになっていきます。不安を少なくしていくためには、そこで過ごす人たちにとって、情報がわかりやすく提示されていることが大切です。

事例2　わたしのマーク

　ある幼稚園では入園式の日に、さまざまな絵の描いてあるシールの中から一つ、好きな柄（マーク）を子どもたちに選んでもらいます。そこで選んだシールと同じ

柄のものを、その後靴箱やロッカー、連絡帳などの園生活で使うあらゆるものに貼っています。「Aくんはライオン」「Bちゃんはトンボ」「Cくんはヒマワリ」というように絵柄はすべて異なるので、シールの絵によって子どもたちは自分の使用する場所や持ち物を区別することができます。まだ自分の名前を読むことができない子どもでもマークを探すことで、自分で所持品の整理をしたり、決まった場所に靴やかばんを置いたりすることができるようにしています。

ここでのシールは、自分の場所（もの）と他者の場所（もの）とをマークによって区別する役割をしています。入園したてのころには慣れない空間に心配そうな表情を浮かべる子どもの姿が見られますが、自分の場所が明確にあることで、安心して保育室に入ってくることができるのです。また、次第に自分のマークだけではなく、友だちのマークにも関心を示すようになります。連絡帳やクレヨンなどに貼られているシールを見て「これはライオンだからAくんのだね」と気づいたり、その子に渡したりと、マークという情報からどの友だちのものであるかを読み取って行動をすることができるようになります。

(2) 過ごしやすい空間をつくる情報

事例2のように、情報を示すためにマークを使うケースのほかにも、文字や写真を使って示すこともあります。特に保育の場においては、写真やイラストのように視覚的にわかりやすい情報の提示の仕方は多くの場面で使用されており、子どもたちにとっても「一目見てわかる」情報のあり方は重要であると言えます。

事例3　主体的に片付けができる環境

遊んだ後の「片付け」は日常的に行なわれていることですが、ある4歳児クラスの担任は、時間になっても思うように片付けが進まないことが気になっていました。子どもたちが遊びの時間を守らなかったり片付けを嫌がったりしているわけではないのですが、その時間になると遊んだものを手に持ったままウロウロしています。また、「片付け終わった」という場所を見てみても、使ったものを隅に寄せただけで整理された状態とは言えません。子どもたちに片付ける意思がないのではなく、片付け方が不明瞭な点が問題であると考えた担任は「片付ける場所」を決める

写真 7-2　片付け

ことにしました（写真 7-2）。

　視覚的にわかるようにイラストを準備し、片付ける棚やかごに表示をするようにしました。すると、片付けの時間に戸惑う子どもたちが少なくなっただけでなく、使ったものはいつも同じ場所に戻すということが習慣となり、日ごろから整理することを意識した片付けが行なわれるようになりました。

　この事例では、どこに何を置くかを明確化したことにより、子どもたち自身が片付けることに対して意欲的に取り組む姿が見られました。また、これまでは使ったら片付けの時間まで出しっぱなしになっていたおもちゃやさまざまな素材も、片付けの場所が決まっていると、その都度、決まった場所に戻すようになり、次に使うときにも使いやすい環境が整っているようになりました。

(3) 所属意識や自分の役割を自覚する情報

　生活の中でさまざまな活動を行なうとき、少人数のグループを作って活動することがたびたびあります。特に友だちと積極的にかかわり合いながら、仲間意識をもって活動をすすめることが期待される幼児のクラスにおいては、描画製作などの保育活動の際に、グループごとで取り組む保育活動を展開したり、グループで相談したりする機会を多く設けられていることがあります。こうしたグループはその活動のたびにメンバーを変えることもありますが、グループ活動が日常的に行なわれている場合は、一定の期間同じメンバーで一つのグループを作り、集まるときにはグループのメンバーを気にかけるよう促したり、グループの名称で呼んだりとグループを生かした保育活動を行なっています（**写真 7-3**）。これらのグループ活動が定着してく過程では、自分は何グループに所属しているのか、同じグループの友だちは誰なのかなどを理解しておくことが必要になります。その情報を保育室内に表示しておく方法の一つとして、ポスター作りなどが行なわれます。子どもたちは、そのポスターを確認することで、自分のグループのこ

とや、ほかのグループのことについて情報を得ることができるのです。

また、保育の中でさまざまな役割を子どもたち自身が分担して行なう場合にもこうした情報の表示は生かされています。給食の配膳、動植物の世話、保育者の手伝いなどの活動は「当番活動」として順に役割を担っていくような方法がとられています。こうした日替わりや週替わりで変わっていく活動については、保育者がその都度声をかけるのではなく、子どもたち自身が表示されているものを確認することで、自分の役割を自覚できるよう工夫がなされています。

写真7-3 当番

❸ 保育活動の情報共有

私たちは生活の中で日々多くの情報を得ています。それらの情報は、特別な行動をしなくても自然と取り入れられるものもあれば、意識的に知ろうとする必要があるものもあります。特に後者については、いつ、どこで、どのような方法で情報が発信されているのかを知ることで、自分の生活に必要な情報を得ることが可能です。

(1) 知り得た情報を生活に生かす

私たちは何か用事があるとなれば、いつどこに行かなければならないのか、持ち物は何か、それまでに準備すべきものは何かと考えることや心構えをしてのぞむこととなるでしょう。その用事を済ませるためには、ほかの予定を調整することも必要となってくるかもしれません。用事があるという情報を受け取ったということは、それに伴うさまざまな行動を同時に考えることを意味しています。

事例4 掲示板を使った活動

5歳児の園外活動の際、木の枝や葉っぱなどの自然物を使った制作を行ないました。その際に大きなベニヤ板にみんなで集めた自然物を装飾としてつけた「掲示板」を作りました。完成した掲示板は5歳児クラスの前の共有スペースに置き、

その日の予定や、翌日の持ち物などをそこでお知らせすることにしました。設置されると、子どもたちは毎日のように掲示板を確認し、その内容を友だちに伝えあいながら自分のスケジュールや所持品の管理に活用していました。掲示板の使用が定着してくると「〇〇くみは、ぼうしをかぶって10じにホールにあつまってください」とあれば、それをクラスの友だちに伝え、10時には保育者が声をかけなくてもほぼ全員がホールに集まっているということもありました。

　初めは保育者から子どもたちへの情報の発信のみでしたが、次第に「〇〇くみでアイスやさんをしています」と遊びの宣伝に使うアイデアも生まれ、子どもたちが情報を発信する場としても活用されるようになりました。遊びの情報に使われるようになると、3歳児や4歳児も掲示板に関心をもち、ここを通してさまざまな情報を得る場となりました。

　この事例は、掲示板という昔ながらの情報発信の方法です。映像や音声のように、自然に目に入ったり聞こえたりするものではないため、より意識的に情報を気にかけてかかわっていくことが期待されています。園生活を送る上で必要な情報がここには書かれていて、これを確認することで次の活動の見通しをもつことなどにつながっています。ここで得た情報を自分なりに整理することで、集合時間までの過ごし方や持ち物の確認などを主体的に行なう姿も見られるようになりました。掲示板の制作から半年ほど経つと、保育者もつい掲示板の更新が滞ってしまうこともあり、子どもたちの方から「最近、掲示板に新しいお知らせないね」と言われてハッとしたこともありました。

(2) 情報を共有する意義

　園内に掲示されているものの中には、子どもたちのためのものだけではなく、保護者に向けた情報も多くあります。施設で行なった行事や普段の遊びの様子を、写真やコメントを付けて掲示しておくことで、送迎時などに保護者が施設に立ち寄った際、目にできるように配慮されています（**写真7-4**）。

　こうした掲示は、保護者が施設での子どもの様子を知る機会となるだけでなく、家庭での親子の共通の話題のきっかけになります。子どもから話を聞くだけではなかなか状況が想像できず、会話が続かなくなってしまうことも多くありますが、施設からの手紙や写真などによってイメージが明確になり、子どもとの会話が充実したものになります。さらには、保護者が掲示物に関心をもって足を止めて眺めたり、手紙の内容につい

て質問をしたりすることで、保育者から保護者へ声をかける機会や、その活動を通じて子どもたちに期待する育ちについて伝える機会となり、保育の意図を伝えていくことにもつながります。

　提示の仕方を工夫することによって、情報が子どもと保護者、施設と家庭とをつなぐ役割も担うことになるのです。

写真 7-4　保護者向けの掲示

(3) 子どもを取り巻く情報環境の変化

　パソコン、スマートフォンなどのインターネット利用機器は今や急速に私たちの生活の中に浸透してきています。「平成29年通信利用動向調査」（平成30年公表、総務省）によると、携帯電話やスマートフォンなどモバイル端末の保有状況は年々増加しており、平成29年には全体の84％が何らかのモバイル端末を保有しているという結果になりました。また、インターネットの利用動向も13歳から59歳の年齢層では9割を超えていることがわかっています。このことからもわかるように、パソコンなどを使ったインターネットの利用は家庭においても一般的となり、それは子どもたちの生活にとっても身近なものとなっています。

　こうした状況を踏まえ、保育の中にパソコンを取り入れる施設も増えてきています。保育室内に子どもたちが使えるパソコンを設置することで、子どもがパソコンを使って関心のあることについて調べることができる環境を整えます。ほかにもイラストを作成するソフトを使うことで、直線や図形を取り入れた、手書きでは表現できないデザインを表現する機会にもなります。こうした機器を有効に取り入れることで保育活動がより深まっていくことが期待されます。

　近年は保護者と施設をつなぐツールとしての利用も進んでいます。保護者もインターネットやさまざまなモバイル機器を利用することに慣れていることを受け、施設との連絡をメールでできるようにしたり、ホームページから写真や動画などで保育の様子を見ることができるようにしたりと各施設多様な工夫を行なっています。このような機能を利用することは、保護者にとって気軽に施設とのかかわりがもてるだけでなく、従来保育者が行なっていた業務の負担を軽減することにもつながっています。一方で、紙媒体で発行される「園だより」などの手紙は読まれにくくなっている、メールでの連絡に頼

ってしまい通信状況の不具合などでメールが使用できないと連絡がつきにくいなどの課題も聞かれるようになってきました。さまざまな情報をインターネットを介して扱うことについて、個人情報を保護する観点からも慎重な姿勢が求められています。情報機器を取り入れることのメリット、デメリットを施設、家庭の双方が十分に理解して利用することが必要とされています。

❹ 数量や文字などに関心をもつ環境作り

　幼稚園教育要領における領域「環境」の内容では「(9) 日常生活の中で数量や図形などに関心をもつ」「(10) 日常生活の中で簡単な標識や文字などに関心をもつ」ことがあげられており、こうしたことは「幼児自身の必要感に基づく体験を大切にし」ながら扱われるよう示されています。保育活動に数量や文字に関する内容を取り入れるとき、それは確実に数を数えたり、正確に文字を読み書きしたりすることを目指すものではありません。教え込む時間を設けて、子どもたちが数量や文字に触れる機会を作ることを期待したものでもありません。子どもたちが生活や遊びの中で、数や量という考え方を使って何かをしたいと思ったときや、文字を使って表したいことがあるとき、その意欲を大切にしながら保育者は活動を援助していきます。

(1) 数量や図形への関心

　子どもたちはさまざまな場面で、ものの数を数えたり、重さや長さを比べたりすることがあります。ただし、数を数えることと、数を唱えることとは必ずしも一致しているわけではありません。年齢は数で表されますが、「2歳」になったということや、指を使って「2」を表すことは、身近な大人の言葉や行動を真似ることで、同じように表現することができます。しかし「2歳」と言えることや指で「2」を表せることと、「1」の次が「2」であり、その次には「3」がくる、このときに表されているものの数が増加しているということを正確に理解しているかは、また別の話になります。日常生活でよく聞く機会のある「いち、に、さん、し……」という数唱は、言葉として覚えてはいても、それが数を数えることと理解して使えるようになるのは、発達の過程やさまざまな生活経験を経て獲得されていくこととなります。

事例5　クラスの人数は何人？

4歳児クラスの朝の会で、保育者は「今日は何人のお友だちがきているかな」と問いかけました。子どもたちははりきって、一人ひとりを指さしながら、思い思いに数えていきます。しかし複数人が同時に数えているので、立ち歩いている同じ子を何度も数えたり、近くの子が数える声につられて何人まで数えたかわからなくなってしまったりということが起きました。なかなか数え終わらない様子をみて、ひとりの子が「お当番さんが数えたらいいんじゃない」と提案しました。みんながイスに座っているところに、その日のお当番の子どもが一人ひとりの前に立ちながら「いち、に、さん……」と数えていきます。お当番の声に合わせて、ほかの子どもたちも一緒に声を出して数えました。

人やものなどの数を数えることは、日常生活の中で頻繁に行なわれます。この事例では、言葉と実際の数を数えることが一致して生活場面にも生かしていますが、大きい数になると数えることが難しくなったり、整列していない状態では数えにくいことを感じたりしています。一つひとつ、声にだしてゆっくり数えたり、対象となる人やものを並べておいたりすることで、正確に数を数えたいという思いを実現しやすい環境を作っています。グループを作る遊びなどをしていると、自分を人数に数え忘れてしまい「人数が合わない」と戸惑う、思わず笑ってしまうような子どもたちのやりとりが行なわれることもあります。生活の中で何度も繰り返し、数を数える活動に出会うことで、その場面に応じてどのように数を扱っていくかを子どもたちなりに考えるような機会となります。

また、重さや長さを捉えることも数量的な感覚の育ちにつながります。ものの重さや長さを知りたいとき、子どもたちはどのように向き合うでしょう。まずは見た目に「大きいから重い」「長そう」などのようにこれまでの経験と照らし合わせて感覚的に捉えます。二つ以上のものを比較したいときには、それらを並べたり、身近な物を基準としてそれと比べたときの感覚で違いを知ろうと試みたりします。より正確に長さを知りたいときには定規、重さを知りたいときにははかりなどを用いて正確に測ることができます。これらを使うことによって、個人の感覚に頼った長さや重さではなく、数字で表すことができることを学びます。

図形とのかかわりは、目に見えるものの形に対して、その特性を捉えて遊びや生活に

取り入れたり、言葉で表したりすることによって取り入れられています。さまざまなものの形にふれながらそれらの特性の共通点によって「まる」「さんかく」「しかく」などの違いがあることに気づいていきます。その形の特性を生かして遊びや生活に使おうとしたり、形の特徴を別のものに例えたりすることで、図形とのかかわりは広がっていきます。積み木遊びは、図形に触れる代表的な遊びと言えますが、さまざまな図形の形にふれ、繰り返し遊ぶことで、それらの特性を感じ取り「積み重ねやすい形」「倒れにくい積み方」などに気づくようになります（写真7-5）。

写真7-5　さまざまなかたちの玩具

また、物の形を表現するときに比喩表現を使うことで、そのものが目の前になくても、より具体的にイメージを伝えることが可能になります。例えば単純に「まるいもの」と言われて、思い描く形は多様ですが「ボールのような」と言えば球状の立体を想像することができます。「おせんべいみたいな」と言えば平らでまるい物体が想像されますし、「ドーナツみたいな」と言えば真ん中にまるい穴が開いているのだろうと考えることができます。このように、図形に対する感覚が豊かになることで、それを表現する言葉も多様になり、より具体的にイメージをもつことができるようになります。

（2）簡単な標識や文字への関心

　標識は抽象化されたイラストや簡潔な記号などによって、そこに文字としての注意書きや具体的な映像が伴っていなくても、見ただけで意図するものがわかるように作られています。施設での生活では、クラス名を表す標識や、生活上のルールを表す標識などがさまざまな場面で用いられています。子どもたちは、その標識が意図するものを読み取りながら生活を送っています。時には、簡単な標識によって自分の思いや伝えたいものが表現できることを生かし、遊びの中に取り入れることもあります（写真7-6）。

写真 7-6 キャンプのグループマーク

事例 6 　船ごっこの仲間のしるし

　5歳児が部屋の一角で船ごっこを始めました。大型積み木を使って船の形を作り、操縦席を設けたり、冒険に必要なものを置く場所を作ったりと次第に大掛かりになっていきました。初めからこの遊びに参加していた子どもたちは、同じ船の仲間であることの目印として共通の「仲間のマーク」を作り、その絵をワッペンのように服に貼りつけていました。この様子を見ていたDが遊びに参加したがると、遊びのリーダー格であるEは「船に乗れるのは仲間のマークがある人だけ」と言います。Dは同じようにマークを真似て絵を描き、服に貼りました。それを見せるとEは「乗っていいよ」と言い、Dを交えて遊びが続きました。

　乳幼児期には文字に対する関心を育むことも大切にされています。子どもたちにとって文字は、初めのうちは意味をもたない絵や線のように見えています。しかし、生活の中で何度も目にする文字や身近な人たちが使っている文字は、繰り返しふれることにより、意味をもったものであることがわかり、次第に何かを表した「文字」であることが認識できるようになります。子どもたちが最初に文字として関心を抱くのは多くの場合、自分の名前です。一文字一文字が合わさって名前を表していることを理解すると、同じ文字を使っている身近なものや友だちの名前などに関心が広がっていきます。また普段話している「言葉」と「文字」が一致していることがわかるようになると、遊びの中で文字を使うことを楽しんだり、自分の気持ちを伝える手段として使ったりするようになっていきます。

　例えば3歳児クラスの「レストランごっこ」では、子どもたちはメニュー表を作りたいのですが、まだ字を書くことができませんでした。そこで保育者に「『かれー』って書いて」「『いちごあいす』もメニューに入れて」と頼み、自分の表現したいことを文

字にしてもらいます。保育者が文字を書いた横に、子どもたちがイラストを添えることで、子どもたちの表現したいメニュー表ができました。5歳児クラスの「ラーメン屋さんごっこ」では、多くの子どもたちが文字を読むことに強い関心があり、中には書くこともできるようになった子どももいました。すると自分たちで「もやしらぁめん」「みそらぁめん」などとメニューを作り、お客さん役の子どもたちも、そのメニューを見ながら注文をする様子がありました。

　こうした遊びなどを通して文字に触れ、読んだり書いたりすることに対する喜びや意欲、文字を使うことの利便性などを感じることができます。それに伴い、保育者は、子どもたちが利用しやすい場所に五十音表を用意したり、かるた遊びのようなイラストから文字に親しむことができるような環境を作ったりする工夫をすることが求められます。

参考文献
厚生労働省（2017）保育所保育指針．
文部科学省（2017）幼稚園教育要領．
文部科学省（2018）幼稚園教育要領解説．
無藤隆・汐見稔幸・砂川史子（2017）ここがポイント！3法令ガイドブック―新しい「幼稚園教育要領」「保育所保育指針」「幼保連携型認定こども園教育・保育要領」の理解のために―．フレーベル館．
総務省（2018）平成29年通信利用動向調査．

第8章

保育と地域環境

子どもにとっての園生活は、園の敷地内だけですまされるものではありません。特に保育所では、毎日のように園外に出かけている施設も多く、園外活動（お散歩）は代表的な保育活動の一つとなっています。園内にはなくても一歩外に出た地域の中には、自然・公園・道・地域施設・地域の人など多くの環境があり、積極的な園外活動はさまざまな出会いと体験、発見と感動につながっています。

　近年、保育の場ではこうした施設周辺にある地域資源を日々の保育で大いに活用することが求められており、保育のねらいを意識した園外活動場所やお散歩ルートの計画・作成など積極的な取り組みがみられます。

❶ まちの中で育つ子ども

まちの中をカートに乗って移動する子どもたち。
商店街は子どもたちの五感を刺激する大事な地域資源の一つとなっています。

園庭をもつことが難しい施設では、公園を園庭の替わりとして毎日利用し、地域住民との触れ合いや遊具とのかかわりを求めて訪れるケースも多くみられます。そのため、近隣にある複数の施設との利用が重なることも多く、子どもを見分けるための対策・工夫が課題となっています。

公園内にある傾斜のある歩道は、思いっきり身体を動かすことができる環境といえ、子どもたちにとってお楽しみスポットの一つです。一気にのぼってはゆっくり歩いたりを何度も繰り返す姿がみられます。
子どもたちは自分の身体を思いのまま動かしながら遊びを通して運動能力を高め、全身のバランスをとる能力の発達を獲得していきます。

夏は木陰の涼しさを感じ、冬は木の葉が落ちる自然現象への気づきにつながります。子どもたちは毎日のように訪れる場所だからこそ、季節の移り変わりに気づき、自然の法則性を理解していきます。採集した落ち葉やどんぐりは、自然物を利用した製作につなげることで、季節を生活の中にも取り込んでいきます。

施設の周辺は、子どもにとって安全に歩いて移動ができる環境であることが欠かせません。利用しやすい公園があってもそこまでの経路の整備が不十分な場合、結局は使えないケースもみられます。

施設周辺にある身近な環境の中には、魅力的なスポットがたくさんあります。何よりも保育者が子どもの目線になって地域の環境に目を向けることが必要とされます。

道すがらご近所の人とかかわる機会も多く、さまざまな人との出会いを意図してお散歩ルートを計画する施設もあります。活発な園外活動が施設と地域をつなげてくれる効果もみられます。

園外に出ることで危険を伴うこともありますが、繰り返し大人が注意を促すことで、自分を守るためのきまりやルールについておのずと注意をむけやすくなります。

まちの中には子どもの好奇心や探求心を刺激し、育むきっかけとなるものがたくさんあります。
近所の犬とは「また明日ね」と親しみや愛着をもってかかわる姿がみられます。

コンクリートの隙間に生えたこんな草花も乳幼児の目線でみると、直接触れることのできる身近な自然の一つです。
小さな柔らかい手で触ったり引っ張ったりするので、保育者は危険がないよう事前のチェックをしておくと安心です。

まちでは不特定多数の人との出会いだけでなく、地域の人たちが自分たちの住むまちに対する愛着を感じられるものとの出会いもあります。
子どもたちのお散歩ルートとなっている交差点には微笑ましい草花が植えられていますが、お散歩をする子どもたちがまちの活性化につながっているケースもみられます。

第 8 章　保育と地域環境

❷ 子どもと地域をつなぐ活動

■出会い、発見をもたらすお散歩

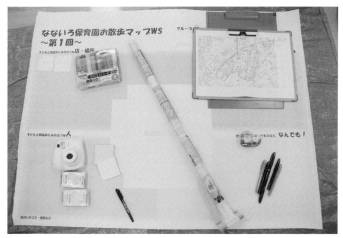

保育のねらいを意識した園外活動（お散歩）を目指すための取り組みとして、「お散歩ワークショップ」を実施する施設もあります。施設周辺に住む高齢者や子育て親子と一緒に行なうことで、保育に活用できる地域資源の発見や地域住民とつながるきっかけにもなっています。

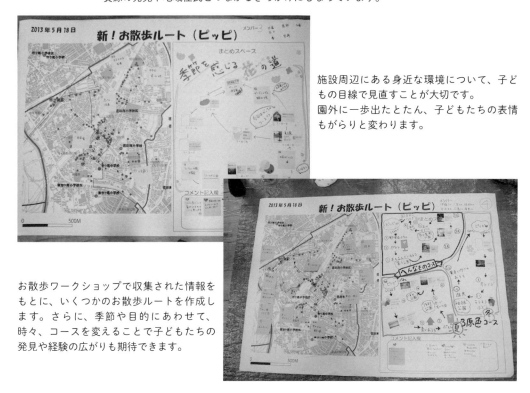

施設周辺にある身近な環境について、子どもの目線で見直すことが大切です。
園外に一歩出たとたん、子どもたちの表情もがらりと変わります。

お散歩ワークショップで収集された情報をもとに、いくつかのお散歩ルートを作成します。さらに、季節や目的にあわせて、時々、コースを変えることで子どもたちの発見や経験の広がりも期待できます。

■地域交流を促す夏まつり

園で行なわれるさまざまな行事は、時代の流れによって変化がみられる一方、伝統行事として大切に引き継がれているものも多くあります。園主催で行なう場合や、地域と協働して実施されるものまでかたちはさまざまですが、中でも「夏まつり」は子どもと地域をつなぐ代表的な活動の一つといえます。

普段は屋外活動の場として利用している公園も、今日は夏まつり会場としてセッティングされています。施設と公園が隣接していることで、行き来がしやすく、立地の良さが大いに活かされています。

露店は園の保護者にも協力してもらいます。
地域の中にある資源を保育に活用しながら、大人も子どももさまざまな人とふれあえる機会となっています。

手作りの手がた提灯がライトアップされます。

第8章 保育と地域環境

出典

三輪律江・尾木まり・米田佐知子・谷口新・藤岡泰寛・松橋圭子・田中稲子・稲垣景子・棒田明子・吉永真理（2017）まち保育のススメ―おさんぽ・多世代交流・地域交流・防災・まちづくり―．萌文社．

第9章

子どもと人的環境

① 人的環境としての子ども

　保育所保育指針（平成29年告示）第1章総則には「保育の環境には、保育士等や子どもなどの人的環境、施設や遊具などの物的環境、更には自然や社会の事象などがある」と述べられています。保育では、子どもを取り巻く環境を考えるとき、「モノ」だけではなく「ヒト」も重要な環境の一つであるととらえているのです。子どもたちは、保護者や保育者をはじめとする身近な大人たちや、友だちとのかかわりを通して、自己主張をしたり他者を思いやる気持ちを育んだりといった社会性を培っていきます。

事例1　友だちの存在に気がつく

　3歳児のAとBは同じクラスなのですが、普段はそれぞれ自分の遊びに夢中になっていて、お互いに声をかけたり一緒に過ごしたりする様子は見られませんでした。ある日、二人がそれぞれ砂場で遊んでいたとき、ふと目の前に自分と同じように砂をバケツに入れて遊ぶ子がいることに気づきました。しばらくは会話のないまま、黙々と自分の遊びに取り組んでいましたが、ふいにAが「ちゅーりっぷ組だよね？」とBに声をかけました。Bがうなずくと、Aは自分の胸についているちゅーりっぷ組の名札をBに見せました。同じクラスの名札をもっていることを理解したBはニッと笑うと、また自分の遊びの続きに取りかかりました。

　Aは、Bが自分と同じ名札を付けていることに気づきそれをBに伝えます。これは二人が初めて、直接的にかかわりをもった場面です。このことがあったからと言って、すぐに二人が仲良く遊び始めるわけではありませんが、同じものを持っている、同じ遊びをしているということが接点となり、二人がその一瞬の時間や空間を共有することにつながりました。こうしたことを繰り返しながら、自分以外の人とのつながりを感じたり、同じ園に通う友だちとして認識をしたりしていきます。

事例2　受け継がれる遊び

　「どろけい」はある幼稚園では5歳児に代々受け継がれている遊びの一つです。5歳児クラスにはどろけいに使う紅白帽子があり、それを被って園庭の一角に集ま

り大勢の友だちと遊ぶ様子が見られます。4歳児たちは別の遊びをしながら、その様子を時折気にして見ているのです（5歳児以外は参加できないというルールがあるわけではないのですが……）。

3月、卒園式が終わると、修了式までの数日間は3・4歳児のみが登園している状態になります。すると誰もいない5歳児クラスに4歳児が数名、そ〜っとやって来ます。部屋の前に置いてある紅白帽子を被り、5歳児が遊んでいたのと同じ場所で、見よう見まねの「どろけい」が始まるのです。

4歳児は遊びに参加はしないまでも、5歳児の遊ぶ姿をずっと憧れとして見ていたのでしょう。5歳児が卒園し、次は自分たちが5歳児となることを自覚したことで、憧れていた遊びにやっと挑戦できる喜びを味わっていることが感じられます。このように、遊びは子どもたちから、また次の世代の子どもたちへと伝承していくのです。年上の子どもたちが、年下の子どもたちへ、直接的にかかわりながら遊びや生活のルールを教えていくこともありますし、今回の事例のように、年上の子の姿を見て、間接的に学んでいくこともあります。遊びや生活のルールが伝承をしていくとき、そこには人と人とのかかわりが生まれます。

「どろけい」の事例では、4歳児たちはこれまでずっと5歳児が遊んでいる様子を見てきているので、なんとなく遊び方はわかっている上で遊び始めました。しかし、実際に自分たちが遊ぶとなると、友だちとの間でルールの認識に違いがあったり、遊びの中での役割が十分に理解できていない子がいたりと、初めのうちは面白さを十分に感じられずに終わってしまうことが続きました。こうした場面では、保育者が遊びの中に入って援助をすることもあります。子どもたちが新たな遊びや、遊びを通して友だちにかかわろうとしているとき、その好奇心や関心がより良い育ちへと結びつくよう、必要な援助を考え実践していきます。

❷ 人的環境としての保育者

多くの場合、幼稚園や保育所は、子どもたちが家庭以外の場所で長い時間生活をする初めての場所であり、そこにいる保育者は、保護者以外で密にかかわる初めての大人となります。このとき保育者は、子どもたちが安心感と信頼感をもって活動できるよう、子どもの主体的な思いや願いを受け止めることが求められます。保育者の役割や援助の

仕方は、子どもの状況や生活の実態などに合わせて変わっていきます。そのとき子どもに必要な援助を保育者は考えながら日々かかわっています。

事例3　ラッパ遊び

　１歳児のＣは、ラッパのおもちゃが大好きです。息を吹き込むとプーっと音が鳴ります。音が鳴るとそばにいる保育者が「Ｃちゃん、いい音だね」と声をかけながら拍手をします。Ｃは得意になり、何度も音を鳴らし、そのたびに保育者の顔を見ました。保育者もそのたびに声をかけ拍手をしました。

　特に乳児期においては、一人ひとりに対して向き合うかかわりを大切にしています。子どもから発信されるさまざまな言葉や行動に対し、応答的にかかわることで、子どもは安心感を得たり、保育者に信頼を寄せたりするようになっていきます。ここでは音が鳴ったことにＣ自身が達成感を感じ、それに対して保育者が一緒に喜んでくれることを楽しんでいる様子がわかります。

　ラッパを吹く遊びへの関心は、その後数ヵ月のうちに次第に薄れていきましたが、Ｃが５歳になったころ、部屋の片付けをしていたときに偶然このラッパが出てきました。それを見つけたＣは「懐かしいな、赤ちゃんのとき吹くと拍手してくれたよね。また吹くから拍手してね」と保育者に頼んだのです。以前よりも少し大げさに保育者が褒めると、Ｃは照れくさそうに笑い１回吹いたきりで別の遊びに戻っていきました。きっと、１歳のころに感じていた心地よいかかわりを思い出していたのでしょう。保育者のかかわりや言葉が、時間を経て成長しても子どもの心に温かみをもって存在していることを感じられる出来事となりました。

事例4　見守られることでけんかができる

　「先生たいへん、ＤとＥがけんかしてる」。一人の子どもが保育者を呼びにきました。様子を見に行くと、Ｄが先に遊んでいたところにＥも参加しようとしたのですが「ダメ」と言われてトラブルになっているようです。ＤもＥもチラッと保育者の方を見ましたが、また二人での言い合いを続けました。その後も時々は保育者へ視線を送りますが、保育者は何も言わずにそれぞれの言い分を聞いています。

Dが行ないたい遊び方と、Eの遊び方とに認識の違いがあったため、一緒に遊ぶことができなかったようです。時折強い口調になることもありましたが、時間をかけ、言葉を補いながら伝え合おうとした結果、双方の納得する形で遊ぶ方法を考えることができました。

　DとEはどちらも5歳児でした。自分の思いを伝える力やひとの話を聞く力が子どもたちに育っていることから、子どもたち自身の力で納得できる結論を出すことを期待した保育者のかかわりが見て取れます。子どもたちも、そこに保育者がいることを感じながらも直接頼るような姿はみせず、話し合いを続けました。子どもたちは、保育者が見守ってくれていることで、話し合いがなかなか進まなくなってしまったときや、うまく自分の思いが伝えられないときには何らかの援助をしてくれるであろうことを感じていたのでしょう。けんか自体を頭ごなしに否定されたり、どちらかが非難されたりするような状況にはならないという安心感から、多少強い口調になることもありましたが、そこには保育者への信頼が感じられます。

　発達の過程やトラブルの内容、子どもたち同士の関係性などによっては、子どもたちだけでは解決できないこともあります。時には見守り、時には子どもの気持ちを代弁しながら話に加わることで、保育者はトラブルの調整役を担っています。DもEも、それを感じていたうえで、保育者の前では安心して自分の考えを伝えることができたのだと捉えることができます。

❸ 人的環境としての保護者

　保護者は子どもにとって最も身近な存在であり、安心してかかわることができる大人です。子どもの生活が家庭と施設とでつながっていることを十分に理解し、保護者と施設とは連携、協力し合うことを大切にしながら子どもの育ちを支えていくことが理想的です。

　その方法はさまざまですが、施設の一部の活動が保護者によって担われていることもあります。例えば、施設にある絵本を、定期的に子どもたちが家に持ち帰って楽しむことができる「絵本の貸し出し」を実施しているところでは、貸し出しの際に必要な手続きを保護者ボランティアが行なっている場合があります。保護者は保育活動に参加しながら、自分の子どもだけでなくほかの子どもたちの様子を見守ったり声掛けをしたりし

ています。子どもたちもこうした活動を通して、自分が多くの大人たちに見守られながら生活していることを感じるきっかけとなります。

　もちろん、ボランティア活動などを行なうことだけが施設や子どもの育ちを支えることではありません。朝夕の送迎時や連絡帳などを使って、家庭、施設それぞれの様子を共有することで今の子どもの状態を知り、それぞれの立場からの適切な援助を考えていくことが可能になります。子どもたちは、何か困っていることがあっても保護者や保育者には気持ちが打ち明けにくい、ということもあります。保育者にはなかなか話せない本音も、家庭では話せるということもありますので、施設、家庭双方での様子に配慮をしながら、子どもの気持ちに向き合う姿勢を作っていきましょう。保護者と保育者が感じていることを伝え合うためには、保護者と保育者の間にも信頼関係が築かれていることも重要になります。両者が良い関係でいられることは、子どもにとっての安心にもつながります。

　また、子どもと保護者の円滑な関係を援助していくために、保育を通じた共通の話題や活動を提供することも行なわれています。保護者と一緒に活動できるような行事を行なったり、保育活動を写真や手紙で紹介したりすることで、家庭での話題となります。それが保護者にとっては子どもに向き合う時間となり、子どもも保護者から愛情を注がれていることを実感できる時間となることを期待しています。

　この章であげた、子ども、保育者、保護者のほかにも、地域の人々の存在やそこでの交流も、子どもたちの成長を支える重要な要素となっています。地域との交流を効果的に図ることで、園内だけでは経験できない、年中行事や伝統行事、さまざまな国や地域の文化にふれる機会となります。保育者は、日々の環境構成や保育活動を検討し、子どもを中心とした保育を支える豊かな人的環境をつくるように工夫しています。

第 10 章

子どもと安全環境

❶ 園内の事故防止・安全対策

　子どもの健康と安全を最優先に考え、子どもを守ることは園の使命といえます。子どもが集団で生活する施設は、安心して遊び、過ごすことのできる場所でなくてはなりません。さらに子どもであっても自分の命を守る力、自分で考え行動できる力、自ら注意する意識を日々の経験から育てていくことも大切です。

　「危ないから」といって子どもの「やりたい」「試したい」気持ちを制止させてしまうのはできるだけ避けたいものです。挑戦する気持ちに応えるために、園ではさまざまな配慮・工夫を行なっています。

■防犯対策

施設出入り口近くに職員室や受付を配置することで、来園者のチェックがしやすくなります。

近年、防犯カメラを設置する園も増えていますが、何よりも保育者の意識と人の目が欠かせません。

中庭のテラスに設置されたプールは外部からの視線を遮ることができます。着替えの際にはさらに目隠しシートを張るなどの配慮も行ないます。

■感染症予防

園内敷地に入ってすぐの場所に設置された安全性の高いアルコール消毒薬は園内に入る病原菌の侵入を防ぎます。

第10章 子どもと安全環境

砂場は猫の糞便などにより大腸菌で汚染されることがあります。使用しないときはネットやシートで覆い侵入を防ぐための対策が必要です。また砂場は定期的に掘り起こし、日光にあて消毒することも衛生面において有効です。

手洗いのときにはペーパータオルを使用することが理想ですが、せめて感染症が流行する時期だけでもペーパータオルに切り替えることが推奨されます。

ボタン一つで除菌されたペーパータオルが出てくる装置。食事の際はテーブルや手顔を拭くことができ、とても便利です。

園内では食材の衛生管理はもちろん、調理器具の洗浄・消毒も徹底して行なっていますが、毎日の生活を通して子ども自身が体や健康に関心をもち、衛生的な生活習慣が身に付くことが重要となります。

■食物アレルギーへの対応

食物除去は完全除去食を基本とし、保育所での食物除去に対する対応はますます細分化されている傾向があります。保育者全員での情報共有、確認・記録を残すなどアレルギーに対するリスクを考えた取り組みを行なっていますが、乳幼児期の食物アレルギーは日々変化するため、常に見直しも必要といえます。

広いランチルームの一部を間仕切り壁によってスペース分けができるしつらえは、アレルギーの子どもへの対応も可能となります。
食物アレルギーのある子どもでも、アレルギーのない子どもとできるだけ変わらない園生活が送れるよう、環境面での工夫もみられます。

■転倒・転落防止

転倒・転落事故が発生しやすい階段には高低差のある手すり（子ども用は高さ600ミリメートル前後・大人用は700～800ミリメートル）が設置されています。子どもの行動特性を理解した上で事故防止に取り組むとともに、普段からの安全教育が欠かせません。

子どもの走り出しを防ぐ牛乳パック製の手作りバリア（障害）は、「走っちゃだめ」と言わなくても置くだけで転倒事故を予防できる優れものです。広い廊下に観葉植物を置くだけでも子どもたちの走りたい気持ちを抑えてくれる効果もみられます。

乳幼児室や階段には子どもが自分で開閉できない柵を設け、一人での出入りがないよう留意する必要があります。

固定遊具の下に施されたクッション性の高いゴムチップ舗装は、子どもの遊具からの転落・落下時のケガを防ぐ効果があります。また透水性が高く、水たまりができにくいことから、園庭以外の階段やベランダへの利用もみられます。

■バリアフリー

段差のない施設出入り口は、障害がある子どもだけでなく、低年齢児や乳児を連れた保護者にも使いやすく、できれば車イスやベビーカー・カートが置ける広さがあるとさらに便利です。

施設内ではできるだけ制限されることなくスムーズな移動が可能となる設備や配慮が求められます。スロープやエレベーターの設置は、車イスや目の不自由な人、乳児を連れた保護者にも利用しやすく、骨折などケガをしている子どもの移動も助けてくれます。

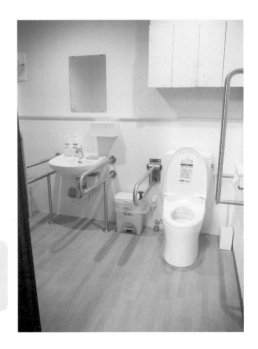

障害があっても使用しやすい「誰でもトイレ」は、バリアフリー法の適用により、平成18年以降、保育施設や子育て支援関連施設での整備がすすめられています。

第10章　子どもと安全環境

❷ 災害から身を守る防災対策

　日本は、地形や気象などの自然条件から、台風、豪雨、豪雪、洪水、土砂災害、地震、津波、火山噴火などの災害が多い国と言われています。それに加え、地球温暖化による継続的な気候変動は、世界各国の気象現象にも大きな影響を与えており、今後も長期的に続くと考えられています。では、いつ何時身近で起こるかもしれない自然災害から、どうやって子どもの生命を守ることができるのでしょうか。

　幼稚園や保育所に子どもたちがいる時間帯に災害が起きた際の対応として、平成30年4月に施行された保育所保育指針では、新しく第3章「健康及び安全」において、以下のとおり示されました。主に事前対策として、日頃から室内の物的環境を整えておくこと、災害発生時の対応として、緊急体制の整備・避難訓練の実施について、地域の関係機関との連携を図ることなどが示されています。

4　災害への備え
(1)　施設・設備等の安全確保
ア　防火設備、避難経路等の安全性が確保されるよう、定期的にこれらの安全点検を行うこと。
イ　備品、遊具等の配置、保管を適切に行い、日頃から、安全環境の整備に努めること。
(2)　災害発生時の対応体制及び避難への備え
ア　火災や地震などの災害の発生に備え、緊急時の対応の具体的内容及び手順、職員の役割分担、避難訓練計画等に関するマニュアルを作成すること。
イ　定期的に避難訓練を実施するなど、必要な対応を図ること。
ウ　災害の発生時に、保護者等への連絡及び子どもの引渡しを円滑に行うため、日頃から保護者との密接な連携に努め、連絡体制や引渡し方法等について確認をしておくこと。
(3)　地域の関係機関等との連携
ア　市町村の支援の下に、地域の関係機関との日常的な連携を図り、必要な協力が得られるよう努めること。
イ　避難訓練については、地域の関係機関や保護者との連携の下に行うなど工夫すること。

■防災への対応

　自然災害への備えは、地震、津波、火事、台風など、災害によって異なり、災害時の避難のあり方も異なります。どのように避難したら良いか、またどうしてそのような避難の仕方をするのかを考え、練習しておくことが大切です。施設には、防災マニュアルがあるので、保育者は定期的に確認し、園全体で体制がとれるようにします。

避難経路は、保育室や食堂、廊下など、目につくところに、子どもたちにもわかりやすいように作成し掲示しておくとよいでしょう。保育活動はさまざまな場所で行なわれているので、どこにいても避難ルートがわかるように掲示しておきます。時々子どもたちと確認しておくことも大切です。

地震避難訓練①
地震警報の発令とともに、一斉に机の下に身を伏せます。揺れが大きいと、ものが倒れたり、窓ガラスが割れたり、天井から電気が落ちてくるかもしれません。机の下に入って、身を守ります。

地震避難訓練②
一旦大きな揺れが収まったら、避難場所へと移動します。その際、防災頭巾やヘルメットなどをかぶり、落下物から頭を守ります。常に身近なところに置いておき、保育者の指示とともに身に着けられるようにしておきます。

第 10 章　子どもと安全環境

地震避難訓練③
保育者の指示で避難場所へと移動を開始します。慌てず、前の人に続いて、建物の外へ出て避難場所となっている近隣の公園に向かいます。

火災訓練では、子どもたちと共に消火活動の練習も行ないます。火を消すには、水が必要なことや、災害時には、みんなで協力して対応することの大切さを実際の体験を通して学びます。

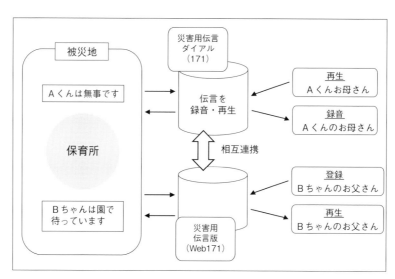

【災害用伝言ダイヤル171】
災害時に電話がつながらなくなった際の安否確認方法です。電話や携帯から録音・再生する「災害用伝言ダイヤル（171）」とウェブを通した「災害用伝言版（web171）」があります。（NTT東日本HPを参考に作成）

■防災マニュアルの見直し

　乳児の場合は、まだ歩行が確立していない子どももいる中で、一人の保育者が抱えて避難できる子どもの数は限られます。また、子どもの成長により、避難の際の介助の方法も日々変わります。クラスごとに避難方法を決め、瞬時に対応できるよう定期的に見直すことも必要です。

■保護者との連携

　多くの園では、9月の防災の日を中心に、保護者のお迎え訓練を行なっています。保護者と連絡がとれる方法を確認しておきます。また災害時にメールや携帯電話などがつながらなくなった際の災害用伝言ダイヤル（171）の試行やお迎えまでの安全確保に関する事項など、保護者との連携体制も毎年繰り返し確認しておきます。

　かつて地域ごとに発生しやすい災害があるように認識され、地域性も考慮した災害対策がなされた時代もありました。しかし、近年は全国各地で想定外の災害が想定外の規模で生じています。施設では、大切な子どもの命を守るため、さまざまな災害を想定して防災教育も含めた防災対策を年間計画に位置付け実践すること、また防災マニュアルは、PDCAサイクルで見直しすることが求められています。

参考文献

高知県（2012）保育所・幼稚園等防災マニュアル作成の手引き〈地震・津波編〉─子どもたちの生命を守るために─.
　https://www.pref.kochi.lg.jp/soshiki/311601/bousaimanyuaru.html
厚生労働省（2017）保育所保育指針.
厚生労働省（2018）保育所における感染症対策ガイドライン（2018年改訂版）
　https://www.mhlw.go.jp/
町田市（2018）町田市認可保育所・幼稚園等 災害対応ガイドライン─災害から子どもたちを守るために─.
　http://www.city.machida.tokyo.jp/shisei/koho/kisyakaiken/2018/kaiken20180725.files/0725-03.pdf
三輪律江・尾木まり・米田佐知子・谷口新・藤岡泰寛・松橋圭子・田中稲子・稲垣景子・棒田明子・吉永真理（2017）まち保育のススメ─おさんぽ・多世代交流・地域交流・防災・まちづくり─. 萌文社.
NTT東日本「災害用伝言ダイヤル（171）概要とご提供のしくみ」
　https://www.ntt-east.co.jp/saigai/voice171s/intro.html

第 11 章

これからの時代に向けた
「都市型保育」への提案

保育の現場では、「古い」「新しい」という言葉をあまり耳にしません。古いからこそ良いもの。子どもたちに伝えたいことの方が多く、保育室の環境を構成する際も、むしろひと昔前の家庭的な雰囲気が意識される傾向もみられます。

　施設敷地内には、広い園庭を有し、土・水・草がいつでも手に取れる環境の中で過ごせることがのぞまれますが、それが現実には難しい地域もあり、急速に進む都市化の中、ビルに囲まれた都市部の施設でも子どもたちは毎日過ごしています。これからの保育の場では、目の前にある環境を受け止め、十分に活用しながら「生きる力」を育むための設備や自然物の取り入れを意識することがより求められていきます。

■テラスや屋上の有効利用

見晴らしの良い屋上には固定遊具のほかにプールの設置もみられます。
園庭との併設利用もある一方で、敷地確保が難しい都市部の事情から、屋上やテラス、ベランダを園庭の代替として利用する施設も増えています。

緑化・芝生化されたテラスや屋上は、維持管理する上で負担があるものの、転んでも怪我が少なく、土や草と触れ合うことで遊びの広がりも期待できます。
また芝生化することで建物室内の温度上昇を抑え、砂埃も防ぐことから近隣への影響を軽減する効果もみられます。

■握力向上を意識した遊具の導入

都市化が進む中、外遊びの減少や公園遊具の縮小化・老朽化による撤去は、子どもの健康と発育にも影響を及ぼしています。以前から積雪の多い地域では、室内にも体力向上を意識した設備の導入がみられましたが、最近では都市部でも省スペースをうまく利用し、特に握力や体幹筋力の向上を意識した遊具の取り入れが増えています。

筋力や全身のバランス感覚を養うのはもちろん、これからさらに、冒険的・挑戦的な要素を意識した遊具・設備の積極的な取り入れが求められます。

■自然・生き物を意識したスペースの活用

園の敷地内に設けられた稲の栽培スペース。プランターや植木鉢を利用することで、わずかなスペースでも季節に応じた花や野菜など育てることは可能となります。自然光があれば、工夫次第で子どもたちにとって多くの発見や感動を得られる場となります。

保育室内からの視線を意識した場所に樹木や草花があることで、自然物を身近に感じることができ、室内の印象もがらりと変わります。

ちょっとした草花の取り入れは、子どもだけでなく、保育者や施設を利用する保護者の気持ちも和ませてくれます。

テラスには大きめのプラスチック容器を活用してつくられた小さな池があり、そこではメダカや金魚が飼われています。生き物と触れ合う体験や継続的な飼育活動は、池や小川がなくても保育者の工夫次第でどんな場所でも可能となります。

自分たちで収穫した野菜や草花を室内に飾ることで、季節を感じるとともに食に対する関心と感謝の気持ちも育みます。

限られたスペースでも生き物と触れ合う環境は大切にしたいものです。
カブトムシの幼虫がいるケースのすぐ横に昆虫図鑑があれば、子どもの「知りたい」にすぐに応えてあげられます。

普段、生き物と触れ合う機会が減っているのは子どもだけではありません。
動線を意識して下駄箱に置かれた「ホタル」は、送迎時、親子で夢中になって観察している姿がみられます。

■情報発信・共有の為の設備

廊下に置かれたパソコンには、その日の保育活動の様子を撮った写真がアップされ、保護者への情報共有に役立っています。
子どもたちも大事なものとして理解しているので、パソコンに触れることはありません。

子どもたちの写真は、希望があればアイパットで購入ができるしくみになっています。
保護者の都合にあわせて注文ができる上に、保育者の負担も軽くしてくれます。

■音・空気・光への配慮

保育室内で発生する音の響きについて、オープン型施設で行なった調査（岩手大学 COC 推進室・特任准教授船場ひさお氏　撮影）。
天井から吸音性のある特殊な素材を吊り下げ、普段の音の響きとの違いを検証している様子です。最近の調査では、日本の保育室の騒音レベルは室内遊びのときには 75dB 以上になることが多く、これは、地下鉄の車内と同程度であることがわかりました。

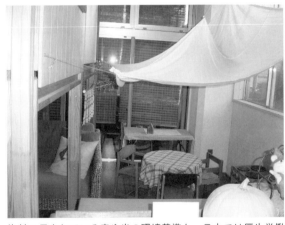

現在の日本では、法規制も基準も特に定められていませんが、世界保健機構（WHO）では、小学校・保育室の環境騒音指針は、35dB とされています。
聴覚の発達や言語習得の著しい時期に毎日過ごす施設では、天井や壁にあらかじめ吸音性に配慮した材質のものを使用することがのぞましく、吸音効果が期待できるカーテンや敷物を活用することも有効です。吸音によって音が明瞭となり、小さな声でもコミュニケーションがとれるようになります。

海外で示されている音や光の環境基準も、日本では厚生労働省の「保育所における感染症対策ガイドライン、2012 年 11 月改訂」と比較すると、詳細に示されているとはいえず、現段階では以下のガイドラインが参考となりそうです。

> 家庭的保育の安全ガイドライン（家庭的保育全国連絡協議会、2012 年 3 月）より
> ○適切な室温として　冬季：20〜23℃　　夏季：26〜28℃
> ○湿度は高めの　50〜60 %
> ○換気は　1 時間に 1 回は窓を開放して空気の入れ替えを行なう。
> ○採光・照明は　直射日光が当たり明るすぎるところはカーテンなどで遮る工夫をする。

保育室内で行なった空気質に関する調査の様子（横浜国立大学大学院都市イノベーション学府建築環境工学研究室　修士1年宮島光希氏　撮影）。

保育室内の空気質は、建物や家具、物品類に影響を受けますが、保育者の意識によっても大きく変わります。

建物や道路に囲まれた施設では窓の開閉もためらう状況もうかがえますが、何よりも自然換気を意識することが大切で、少しでも室内空気環境を良好に保てるよう努めることが求められます。

一日を通して、特に午睡中は空気の汚れ（二酸化炭素濃度の上昇）が高くなる傾向がみられます。午睡中でも空気の流れを意識した換気が必要といえます。

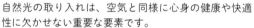

自然光の取り入れは、空気と同様に心身の健康や快適性に欠かせない重要な要素です。
制約のある立地でも天窓を設置することで、柔らかな陽ざしを室内に取り込むことが可能となります。

ビル内の空きスペースに設置された施設では、保育活動には十分とはいえない照明設備であることが多く、自然光の取り入れも叶わない場合はあとから照明器具を設置するケースもみられます。

■園庭の代替としての地域資源の活用

都市部ではわずかな自然も子どもたちにとっては大切な保育資源といえます。
目の前にある環境を受け止め、都市部だからこそ秘められたメリットを探し出すのも保育者のセンスといえます。

大人にとって憂鬱な坂道も、子どもには歩くこと自体が遊びであり、心身の発達が得られる場といえます。都市部だからといって園外活動の時間が少ないことはなく、むしろ保育所全般の平均的な活動時間に比べて長い時間まちの中を歩き続け、まんべんなく活動している傾向もみられます。

ビルの隙間にある歩道は、乳幼児のお散歩では公園と同じぐらい活用度の高い場所となっています。ビルを管理する会社のガードマンがいつも近くにいるので、安心して活動が行なえるという保育者の声もあります。

ビルの屋上にある公園で園外活動を行なっている様子。
専用の園庭や屋上を保有することが難しい場合でも、施設がある建物の屋上に整備された公園で、毎日のように園外活動を行なっているケースもあります。

ビルの屋上という立地上、車が通ることもなく、独特の開放感も得られることから、子どもはもちろん保育者のリフレッシュにもつながっていることがうかがえます。待機児童対策の一環として、保育施設の増設・拡大もみられますが、安心して園外活動が行なえる身近な場所の整備を進めていくことは、これからの時代に向けてさらに大きな課題となるでしょう。

参考文献

家庭的保育全国連絡協議会(2012)家庭的保育の安全ガイドライン.

松橋圭子・田中稲子・三輪律江・藤本麻紀子(2015)都市部の保育施設における園外活動に関する研究:東京都千代田区を対象とした調査より.日本建築学会学術講演梗概集,391-392.

上野佳奈子・宮塚健・野口紗生・船場ひさお・倉斗綾子(2014)音環境に着目した保育施設の実態調査.日本騒音制御工学会秋季研究発表会講演論文集,13-16.

田中稲子・高橋藍子・太田篤史・松橋圭子・三輪律江(2014)複合型保育施設と周辺地域をめぐる音環境 その1 横浜市における複合型保育施設の実態と屋外騒音影響.日本建築学会大会学術講演梗概集,397-398.

高橋藍子・田中稲子・太田篤史・松橋圭子・三輪律江(2014)複合型保育施設と周辺地域をめぐる音環境 その2 施設外へ漏れる音とそれに対する意識.日本建築学会大会学術講演梗概集,399-400.

おわりに

　本書の執筆にとりかかる前年、筆者らは「保育内容環境」をテーマとしたDVD『保育内容：環境～子どもの「やりたい」に応える環境～』を制作するため、およそ1年間にわたりある幼稚園と保育園にて撮影を行ないました。春・夏・秋と四季折々の中で子どもたちが繰り広げる遊びの世界は、私たち大人にとってもわくわくどきどきに溢れ、仕事を忘れ引き込まれたものです。園内での生活は、子ども一人ひとりが主役です。子どもの手にかかると、園庭や近隣にある公園の土や石、落ち葉も新聞紙もお菓子の空箱も、廊下や階段、イスまでも遊び道具と化していきます。しかし、カメラのレンズ越しに遊びの様子を客観的に観察してみると、子どもたちは手当たり次第に手を出しているわけではないのがわかります。子どもの身近にあるものが、まるで子どもたちに「触って」「触れてみて」と話しかけているようにも見えるのです。

　本書を手に取っていただいた方には、単にそのように見えるだけではないことがご理解いただけたかと思います。保育者が意図したねらいと思いを込めて保育環境を構成しているからこそ、子どもが主体となる遊びの世界は広がっていきます。保育者は、保育の担い手であると同時に保育環境をデザインするデザイナーでもあります。保育環境に完成形はありません。子どもを取り巻く環境は、園内環境に留まらず多角的な視点から捉える力も求められます。これから保育者を目指す方々には、子どもの育ちを支える保育環境の構築に向け、日々、試行錯誤と挑戦をし続けていただけたらと願っています。その上で、本書で学んだことを参考にしていただければ幸いです。

　最後に、本書を作成するにあたっては、多くの方々にお力添えをいただきました。たくさんの写真やエピソードをご提供いただいた幼稚園および保育所の園長先生はじめ先生方には、お礼を申し上げます。また、出版に際しましては、株式会社学苑社の代表取締役杉本哲也様に多大なるご尽力を賜りましたことに、心より感謝の意を表します。

2019年1月

小林　保子

松橋　圭子

著者紹介

【編著者】
小林　保子（こばやし　やすこ）【編集・第1章・第2章・第5章・第10章2】
鎌倉女子大学児童学部児童学科教授。博士（教育）
神奈川県出身。東京福祉大学短期大学部こども学科教授を経て2015年4月より現職。
専門は、障害児保育・療育、特別支援教育。肢体不自由のある子どもや医療的ケアを要する子どもの発達支援、QOLの視点に立った障害がある子どもの家族支援に関する研究や活動を行なう。
主な著書：『新しい時代の障がい児保育　子どもの育ち合いを支える「インクルーシブ保育」』（大学図書出版、2017年、編著）、『保育者のための障害児療育―理論と実践をつなぐ―改定2版』（学術出版会、2017年、共著）

【編著者】
松橋　圭子（まつはし　けいこ）【編集・第3章・第4章・第8章・第10章1・第11章】
東京都市大学人間科学部児童学科准教授。博士（工学）
埼玉県出身。横浜国立大学地域実践教育研究センター研究員、横浜国立大学経済学部教育GPプロジェクト教員、横浜国立大学経済学部非常勤講師、鎌倉女子大学大学院/鎌倉女子大学児童学部児童学科准教授を経て2019年4月より現職。
専門は、子ども・保育環境学、地域環境・建築計画、環境心理学。子どもと親、保育者の視点からみた児童福祉施設の計画、子育て環境のあり方、子育てを支援するまちづくりに関わる。
主な著書：『新しい時代の障がい児保育　子どもの育ち合いを支える「インクルーシブ保育」』（大学図書出版、2017年、共著）、『まち保育のススメ―おさんぽ・多世代交流・地域交流・防災・まちづくり―』（萌文社、2017年、共著）

【分担執筆】
関川　満美（せきかわ　まみ）【第6章・第7章・第9章】
鎌倉女子大学短期大学部初等教育学科講師
青森県出身。東海大学付属本田記念幼稚園（現・認定こども園）教諭を経て2015年4月より現職。
専門は、幼児教育学。
主な著書：『保育者養成のための初年次教育ワークブック』（一藝社、2018年、共著）、『実習場面と添削例から学ぶ！保育・教育実習日誌の書き方』（中央法規出版、2016年、共著）

【写真提供頂いた幼稚園・保育所など（五十音順）】
一般財団法人三和徳育会　アメリカ山徳育こども園（横浜市）
鎌倉女子大学幼稚部（鎌倉市）
社会福祉法人こばと会　こばとナーサリー（鎌倉市）
社会福祉法人さがみ愛育会　幼保連携型認定こども園愛の園ふちのべこども園（相模原市）
社会福祉法人夢工房　日吉夢保育園（横浜市）
学校法人野原学園　のはら幼稚園（さいたま市）
NPO法人ワーカーズ・コレクティブ　パレット家庭的保育室なないろ（横浜市）

装丁　有泉武己

本書を教科書として活用する際には、下記のDVD教材と合わせてお使いいただくことを推奨します。
本書で学んだ理論を実際の保育現場の様子を見ながら実践へとつなげるなど、アクティブラーニングを取り入れた授業づくりにお役立てください。

保育内容：環境　～子どもの「やりたい」に応える環境～（DVD）
監修：松橋圭子・小林保子・河合高鋭
2018年1月製作
株式会社アローウィン

環境をデザインする　子どもが育つ保育　　　Ⓒ2019

2019年2月25日　初版第1刷発行
2022年2月15日　初版第3刷発行

編著者　小林保子・松橋圭子
発行者　杉本哲也
発行所　株式会社　学苑社
　　　　東京都千代田区富士見2-10-2
　　　　電話㈹　03（3263）3817
　　　　fax.　　03（3263）2410
　　　　振替　　00100-7-177379
印刷　　藤原印刷株式会社
製本　　株式会社難波製本

検印省略　　　　乱丁落丁はお取り替えいたします。
　　　　　　　　定価はカバーに表示してあります。

ISBN978-4-7614-0803-9　C3037

保育者ができる 気になる行動を示す幼児への支援
▼応用行動分析学に基づく実践ガイドブック

野呂文行・高橋雅江 監修
永冨大舗・原口英之 編著

●B5判／定価2090円

保育場面32のケースについて、問題解決のために必要な行動を分析する方法を、応用行動分析学の視点から解説する。

カンファレンスで深まる・作れる 配慮を要する子どものための 個別の保育・指導計画

大石幸二 監修
遠藤愛・太田研 著 ●B5判変形／定価1980円

具体的な事例を示し、チーム力を高めながら支援に生かすための方法を解説する。本郷一夫先生（東北大学教授）推薦！

先生のための保護者相談ハンドブック
▼配慮を要する子どもの保護者とつながる3つの技術

大石幸二 監修
竹森亜美・須田なつ美・染谷怜 編著

●A5判／定価1760円

「つながる→引き出す→つなげる」3つのキーワードで、保護者に寄り添う面談の技術を達人がわかりやすく解説。

Q&Aで考える 保護者支援
▼発達障害の子どもの育ちを応援したいすべての人に

中川信子 著 ●四六判／定価1760円

療育関係者へ向けた40の質問＆回答集。『発達教育』大好評連載、「親の気持ち──理解し、支えるために」待望の書籍化。

星と虹色なこどもたち
▼「自分に合った学び方」「自分らしい生き方」を見つけよう

星山麻木 著　相澤るつ子 イラスト ●B5判／定価2200円

さまざまな特性のある、虹色のこどもたちの感じ方・考え方を理解し、仲間同士で助け合うための方法を提案する。

障がいのある子との遊びサポートブック
▼達人の技から学ぶ楽しいコミュニケーション

藤野博 編著　奥田健次・藤本禮子・太田一貴・林琦慧 著

●B5判／定価2200円

発達に遅れのある子どものコミュニケーションやことばの力を、遊びの中で伸ばすための考え方や具体的な遊び方を紹介。

発達障害のある子と家族が幸せになる方法
▼コミュニケーションが変わると子どもが育つ

原哲也 著 ●四六判／定価1760円

「発達障害のある子」と「子どもと生きる家族」が幸せを育てていくにはどうしたらいいか？ 専門家による応用の効く実践書。

子どもの吃音 ママ応援BOOK

菊池良和 著　はやしみこ イラスト ●四六判／定価1430円

吃音の誤解と正しい情報を知れば、子どもの接し方がわかり、子どももママも笑顔が増えること間違いなし。

そらをとびたかったペンギン 絵本
▼だれもが安心して存在できる社会へ

申ももこ 作　shizu 協力　はやしみこ 絵　佐藤恵子 解説

●B5判／定価1760円

なっちゃんの声 絵本
▼学校で話せない子どもたちの理解のために

はやしみこ ぶんとえ　金原洋治 医学解説　かんもくネット 監修

●B5判／定価1760円

るいちゃんのけっこんしき 絵本
▼どもってももつたえたいこと

きだにやすのり 作　木谷アンケン 絵

●B5判／定価1760円

〒102-0071 東京都千代田区富士見2-10-2
https://www.gakuensha.co.jp/
学苑社
TEL 03-3263-3817　FAX 03-3263-2410
info@gakuensha.co.jp　税10%込みの価格です